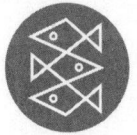

Sei das Beste, was dir je passiert ist!

Dieser charmante Glücksratgeber überreicht den Schlüsselbund zum Glück. Ob Gelassenheit, Mut, Optimismus, Akzeptanz, Durchhaltevermögen oder Selbstvertrauen: In ›Der Happiness Code‹ verrät Ihnen Domonique Bertolucci Schritt für Schritt die Glücksformel aus Down Under! Für ein selbstbestimmtes Leben voller Glück und Zufriedenheit.

Domonique Bertolucci ist das Geheimnis der glücklichsten Menschen Australiens. Mehr als 10 Millionen weltweit haben ihre Bücher gelesen, ihre Sendungen verfolgt oder ihre Workshops besucht. Sie war Fashion-Model und Investmentbankerin in London, dann krempelte sie ihr Leben um und wurde in ihrem Geburtsland Australien zum beliebtesten Life-Coach. Sie lebt mit ihrem Mann und ihrer Tochter in London und Sydney.
www.domoniquebertolucci.com

Weitere Informationen finden Sie auf www.fischerverlage.de.

Domonique Bertolucci

Der Happiness **Code**

Zehn Schlüssel zum Glück

Aus dem australischen Englisch von
Andrea Kunstmann

FISCHER Taschenbuch

Das Zitat auf S. 109 stammt aus:

Marianne Williamson, *Rückkehr zur Liebe. Harmonie, Lebenssinn und Glück durch ›Ein Kurs in Wundern‹*

© 1993 Arkana Verlag, München, in der Verlagsgruppe Random House GmbH

Übersetzung: Susanne Kahn-Ackermann

MIX
Papier aus verantwor-
tungsvollen Quellen
FSC® C083411
www.fsc.org

Erschienen bei FISCHER Taschenbuch
Frankfurt am Main, Juni 2016

© Domonique Bertolucci
Die australische Originalausgabe erschien
2012 bei Hardie Grant Books, Richmond, Australien
www.hardiegrant.com.au

Für die deutschsprachige Ausgabe:
© 2016 S. Fischer Verlag GmbH,
Hedderichstr. 114, D-60596 Frankfurt am Main
Satz: Pinkuin Satz und Datentechnik, Berlin
Druck und Bindung: CPI books GmbH, Leck
Printed in Germany
ISBN 978-3-596-03463-5

Für meinen Liebling Sophia

Das Wichtigste ist, dein Leben zu genießen
– glücklich zu sein –
das ist alles, was zählt.

Audrey Hepburn

Inhalt

Vorwort

Haben Sie sich auch schon gefragt, warum einige Leute rundum glücklich wirken, während andere ständig gestresst, frustriert oder enttäuscht sind? Warum fällt manchen Menschen das Glücklichsein so leicht? Und wie können Sie dafür sorgen, dass es Ihnen genauso geht?

Glück beginnt mit einer Entscheidung.

Sehr viele Leute *warten* einfach auf das Glück. Sie denken, sie werden glücklich sein, wenn sie dieses und jenes erledigt oder erreicht haben. Doch in Wahrheit resultiert dauerhaftes Glück nicht aus dem, was man getan hat, sondern hängt davon ab, was für ein Mensch man sein will.

Irgendwann Mitte zwanzig habe ich mich entschieden, glücklich zu sein. Nicht, dass ich zuvor unglücklich gewesen wäre. Hätte man gute Bekannte befragt, hätten die mich sicher als einen glücklichen Menschen beschrieben. Aber wie ich seither gelernt habe, ist es ein Riesenunterschied, ob man *mit den Umständen* glücklich ist oder *mit sich selbst*.

Die Erkenntnis, dass ich mein Glück mit einer anderen Methode finden und erhalten musste, gewann ich in einer schwierigen und herausfordernden Phase meines Lebens, die ich im Rückblick scherzhaft als meine Quarterlife-Crisis bezeichne. Ich arbeitete damals in einem Job, den ich hasste, hatte einen tyrannischen Chef, löste mich gerade aus einer Beziehung, die ich nie hätte beginnen sollen, und ärgerte mich furchtbar über mich selbst, weil mein Leben noch nicht so perfekt war, wie es meiner Vorstellung nach zu diesem Zeitpunkt bereits hätte sein sollen.

Ich heulte ununterbrochen, und meine Augen waren ständig so geschwollen, dass ich schon fürchtete, mein Gesicht würde dauerhaft entstellt sein. Ich weiß noch, was ich dachte: »Bestimmt steckt hinter all der Qual und dem Herzschmerz eine furchtbar wichtige Lektion für mein Leben, aber bitte, bitte, bitte – kann ich sie ganz schnell hinter mich bringen?«

Irgendwann kam ich dann von den vielen Tränen zu einigen echten Offenbarungen über das Glück: woraus ich es in meinem bisherigen Leben geschöpft hatte und was ich ändern musste, um es mir auch in Zukunft zu sichern.

Ich begriff, dass ich mein Streben nach Perfektion aufgeben musste; die würde ich sowieso nie erlangen. Ich hörte auf, mir Gedanken darüber zu machen, was andere Leute über mich denken oder sagen könnten, und akzeptierte, dass es völlig in Ordnung war, dass manche mich mochten und andere nicht. Ich hörte auf, mich schuldig zu fühlen. Basta!

Ich stellte fest, dass es mich nicht beunruhigen musste, wenn die Dinge nicht so liefen, wie ich gehofft hatte, und dass ich mir keine Sorgen über meine Zukunft zu machen brauchte. Manche Dinge hatte ich unter Kontrolle, andere nicht, aber solange ich an mich und meine Fähigkeiten glaubte, würde bestimmt alles gut werden.

Ich verabschiedete mich von den zu hohen Erwartungen, die ich an meine Mitmenschen stellte; so ärgerte, frustrierte oder verletzte es mich nicht mehr, wenn sie enttäuscht wurden. Ich verstand, dass ich genauso wenig über andere zu urteilen hatte wie sie über mich.

Ich fand den Mut, meinen Träumen zu folgen, und war fest entschlossen, sie auch zu verwirklichen; zugleich wurde mir klar, dass meine künftigen Ziele mich nicht davon abhalten sollten, jeden einzelnen Tag, so wie er war, zu genießen und all das Gute wertzuschätzen, das mir bisher widerfahren war.

Vor allem erinnerte ich mich daran, was meine Mutter mir schon als kleinem Mädchen gesagt hatte: »Solange du dein Bestes gibst, ist das immer gut genug.«

Einleitung

Als Erfolgscoach habe ich die Möglichkeit, den Gedanken und Gefühlen vieler unterschiedlicher Menschen auf den Grund zu gehen. Dabei stelle ich immer wieder fest, dass nicht wenige derart darauf fokussiert sind, sich zu verändern, dass sie sich dabei verlieren. Ihr ursprünglicher Wunsch war Selbstoptimierung, aber viel zu oft nutzen sie dann ihre neuen Fähigkeiten und Erkenntnisse dazu, sich zu kritisieren und sich perfektionieren zu wollen. Das führt zu Frustration, Ängsten, einer Aushöhlung ihres Selbstvertrauens und letztlich auch dazu, dass sie im Alltag keine Freude und Erfüllung mehr finden.

Wenn ich meine Beobachtung äußere, bekomme ich sehr häufig folgende Antwort: »Ich versuche doch nur, das Beste aus mir zu machen.« Aber was bedeutet »das Beste aus sich machen« wirklich? – Endlich gibt es darauf eine Antwort. Das Geheimnis, wie man lebenslang glücklich und zufrieden sein kann, steckt in zehn Prinzipien – ich nenne sie die Zehn Schlüssel.

Ich möchte sie Ihnen hier kurz im Überblick vorstellen. Jedem dieser Schlüssel ist im Anschluss ein eigenes Kapitel gewidmet, in dem ich erkläre, welche Rolle er bei der Schaffung anhaltenden Glücks und dauerhafter Erfüllung spielt.

Der Erste Schlüssel:

Verantwortung übernehmen

Das Prinzip Entscheidung

Der erste und wichtigste Schlüssel auf dem Weg, das Beste aus sich zu machen, ist schlicht und ergreifend der Entschluss dazu. Das ist natürlich leichter gesagt als getan. Die meisten Menschen finden zig Entschuldigungen, um sich nicht aufrichtig mit der Frage auseinandersetzen zu müssen, wer sie sind und was sie vom Leben erwarten. Entscheiden Sie sich, zu Ihrem wahren Potential zu stehen und Ihre Begabung zum Vorschein zu bringen.

Der Zweite Schlüssel:

Loslassen

Das Prinzip Akzeptanz

Verschwenden Sie Ihre Energie nicht darauf, Dinge kontrollieren oder verändern zu wollen, die nicht in Ihrer Macht stehen. Konzentrieren Sie sich stattdessen auf das, was Sie beeinflussen können, und schließen Sie Frieden mit dem ganzen Rest.

Der Dritte Schlüssel:

Im Jetzt leben

Das Prinzip Präsenz

Verharren Sie nicht in der Vergangenheit, indem Sie Ihre gegenwärtige Situation auf Erfahrungen der Kindheit, Jugend oder auch der letzten Woche zurückführen. Genauso wenig sollten Sie sich derart intensiv Ihre Zukunft ausmalen, dass Sie die Chancen übersehen, die Ihnen der heutige Tag bietet. Es ist wichtig, die Vergangenheit zu akzeptieren, von der Zukunft zu träumen, aber im Augenblick zu leben.

Der Vierte Schlüssel:

Das Beste erwarten

Das Prinzip Optimismus

Wenn Sie davon ausgehen, dass die Dinge sich zum Guten wenden, dann tun sie das in der Regel auch. Genauso wie Ihre Erwartung, zu scheitern, enttäuscht oder im Stich gelassen zu werden, sich höchstwahrscheinlich bewahrheiten wird. Optimismus bedeutet nicht Naivität oder das Ausblenden möglicher negativer Resultate. Optimismus ist eine Erwartungshaltung: Erwarten Sie vom Leben das Beste, und Sie werden es in der Regel auch bekommen.

Der Fünfte Schlüssel:

An sich glauben

Das Prinzip Selbstvertrauen

Eine der wichtigsten Zutaten, um im Leben Erfolg zu haben, ist der Glaube daran. Sie müssen lernen, an Ihre Träume, Ihre Ideen und an sich selbst zu glauben. Andere Menschen werden immer versuchen, Sie von Ihren Träumen abzubringen – nicht, weil sie Ihnen Ihr Glück nicht gönnen, sondern weil sie von ihren eigenen Ängsten, Selbstzweifeln und limitierenden Glaubenssätzen gesteuert werden. Es ist wunderbar, was alles möglich ist, wenn Sie nur wirklich daran glauben.

Den Weg freimachen

Das Prinzip Zulassen

Sehr viele Menschen ergreifen die Chancen, die sich bieten, einfach nicht. Stattdessen machen sie ständig andere Leute, Zeiten oder Umstände für ihre eigene Lage verantwortlich. Doch der einzige Mensch, der Sie von etwas abhalten kann, sind Sie selbst. Überwinden Sie Glaubenssätze und Einstellungen, die Sie einschränken, und lassen Sie es zu, dass Sie brillieren.

Der Siebte Schlüssel:

Dankbar sein

Das Prinzip Überfluss

Nur sehr wenige Menschen haben tatsächlich nicht genug Geld zum Leben, und dennoch klagen unglaublich viele wohlhabende, gesunde Menschen ständig darüber, was ihnen alles fehlt. Diese Armutsmentalität ist ein ernstes Leiden. Wenn Sie sich bewusst machen, was Sie bereits alles haben, werden sich Ihre wahren Bedürfnisse problemlos erfüllen lassen und werden Sie feststellen, wie wenig Sie eigentlich brauchen.

Der Achte Schlüssel:

Alles geben

Das Prinzip Großzügigkeit

Zeigen Sie sich nicht nur bei Ihren Geschenken großzügig, sondern geben Sie auch so viel Sie können von sich selbst. Wirklich großzügig sind Sie, wenn Sie Ihre Zeit, Ihre Energie, Ihr Herz verschenken. Verurteilen Sie andere nicht, sondern begegnen Sie ihnen mit Wohlwollen. Was Sie im Leben geben, bestimmt, was Sie vom Leben bekommen.

Sich festlegen

Das Prinzip Beharrlichkeit

Es wird nicht immer leicht sein, im Leben genau das zu tun oder zu sein, oder zu bekommen, was Sie wollen – doch was Sie sich ernsthaft wünschen, wird sich mit der Zeit immer leichter erfüllen. Geben Sie nicht auf, suchen Sie nicht nach einem bequemeren Weg. Wenn Sie sich darauf festlegen, das Beste aus sich zu machen, haben Sie schon halb gewonnen.

Stark sein

Das Prinzip Mut

Wenn Sie das Beste aus sich machen wollen, müssen Sie das Richtige, nicht das Einfachste tun. Das »Richtige« meine ich hier nicht in einem moralischen Sinn. Beim Prinzip Mut geht es darum, das Richtige *für sich selbst* zu tun und es auch dann zu wagen, wenn es sich zeitweise wie die schwierigste Sache der Welt anfühlt.

Wenn Sie diese Prinzipien auf Ihr Leben anwenden, können Sie darauf vertrauen, dass Sie das Beste aus sich machen und Glück und Zufriedenheit Sie ein Leben lang begleiten werden.

Wenn Sie mehr darüber erfahren wollen, wie man die Zehn Schlüssel anwendet, und wenn Sie das Geheimnis anhaltenden Glücks und lebenslanger Zufriedenheit entschlüsseln wollen, können Sie das Happiness-Code-Arbeitsbuch mit vielen Übungen, Ideen und Inspiration kostenlos herunterladen – auf domoniquebertolucci. com.

Verantwortung übernehmen
Das Prinzip Entscheidung

Glück beginnt mit einer Entscheidung.

Wenn Sie das Beste aus sich machen wollen, wenn Sie dauerhaft glücklich und erfüllt leben wollen, dann müssen Sie sich dafür *entscheiden*. Das muss nicht kompliziert sein. In dem Augenblick, in dem Sie diese Entscheidung treffen, werden Sie sich auch sofort glücklicher fühlen. Ihre Perspektive wird sich ändern, Sie werden von da an die Welt aus dem Blickwinkel eines glücklichen Menschen sehen. Natürlich ist die Entscheidung an sich noch nicht alles, aber wenn Sie sie nicht bewusst treffen, könnten alle Ihre anderen Bemühungen umsonst sein.

Glücklich werden Sie nicht »eines Tages« oder nachdem Sie auf Ihrer To-do-Liste möglichst viel abgehakt haben. Sie können nicht beschließen: »Hm, mal sehen, also glücklich zu sein, versuche ich mal nächsten Dienstag.« Wahres Glück ist eine Lebenseinstellung.

Glück ist eine Entscheidung.
Entscheiden Sie sich dafür,
und Sie werden glücklich sein.

Überlegen Sie mal, was für ein Mensch Sie jetzt sind. Sind Sie glücklich, kommen Sie mit den Höhen und Tiefen des Lebens gut klar, gehen Sie mit Freude und Optimismus an die Dinge heran? Sind Sie zutiefst überzeugt, dass Sie ein gutes Leben haben werden, vertrauen Sie darauf, dass Ihnen weiterhin Gutes widerfahren wird?

Erwarten Sie von sich selbst das Beste, kämpfen Sie für das, woran Sie glauben, und glauben Sie an Ihr Recht, das bestmögliche Leben zu führen? Oder haben Sie sich entschieden, ein ganz anderer Mensch zu sein: einer, der schlechte Erfahrungen persönlich nimmt? Glauben Sie, dass solche Dinge *nur Ihnen* widerfahren, statt zu akzeptieren, dass sie einfach manchmal passieren?

Das Beste aus sich zu machen ist nicht gleichbedeutend mit perfekt zu sein. Das Streben nach Perfektion ist immer vergeblich, weil Perfektion ganz und gar subjektiv und unerreichbar ist. Vergessen Sie den perfekten Körper, die perfekte Frisur oder ein perfektes Zuhause. Hören Sie auf, als Partnerin oder Freund, als Vater oder Mutter, als Hausfrau, Hausmann oder Versorger perfekt sein zu wollen. Weigern Sie sich, der perfekte Chef oder Angestellte sein oder einen perfekten Bericht abliefern zu wollen. Und hören Sie vor allem auf, alles auf einmal perfektionieren zu wollen.

Wenn nichts von dem, was Sie tun, je gut genug ist, dann sind Sie ständig unzufrieden, frustriert, enttäuscht von sich! Keine gute Idee, wenn Ihr Ziel es ist, glücklich zu sein. Es gibt weniges, was so befreiend wirkt, wie die Bürde des Perfektionismus abzulegen – was nicht bedeutet, sich hängenzulassen, sich mit dem Durchschnitt zufriedenzugeben oder selbstgefällig zu werden. Es bedeutet, festzustellen, was Ihr persönliches Optimum ist, und sich darauf festzulegen.

Wir können nicht alle überall glänzen. Egal, wie vielseitig Ihre Talente sind, der Tag hat einfach nicht genug Stunden, um in allem großartig zu sein. Setzen Sie klug auf Ihr Haupttalent und akzeptieren Sie, dass Sie bei anderen Dingen eher guter Durchschnitt sind. Ich weiß, dass ich eine großartige Mutter, eine liebevolle Partnerin und eine loyale Freundin bin. Und ich akzeptiere, dass mein persönliches Optimum sehr viel durchschnittlicher ist, wenn es um meine organisatorischen Fähigkeiten, das Essenkochen unter der Woche oder meine sportliche Disziplin geht.

Perfektionismus ist unerreichbar.
Verwenden Sie Ihre Energie darauf,
das Beste aus sich zu machen.

Glück ist Sein, nicht Haben. Sie kriegen es nicht, indem Sie Punkte auf einer Liste abhaken: neuer Job, neuer Wagen, neues Haus oder neue Schuhe. All diese Dinge und anderes mehr mögen Ihnen in bestimmten Momenten Freude bereiten, aber sie haben keinen Einfluss auf Ihre Fähigkeit, im Leben dauerhaft glücklich zu sein.

Wenn Sie sich darauf konzentrieren, das Beste aus sich zu machen, wird ein Gefühl der Ruhe in Ihrem Leben einkehren. Nach wie vor wird es die ganz großen Tage geben, aber meistens werden Sie das beruhigende Gefühl haben, dass Sie Ihr Bestes gegeben haben und dass Ihr Bestes gut genug war. Wenn Sie immer Ihr Bestes geben – das, was in einem bestimmten Moment, einer bestimmten Phase, unter bestimmten Umständen das Bestmögliche ist –, werden Sie sogar an den weniger guten Tagen zufrieden sein.

Ein Teil des wahren Glücks besteht darin, genau das Leben zu führen, das man führen will. Aber dahin gelangt man nicht per Zufall – in der Regel jedenfalls nicht. Wie stellen Sie sich Ihr Leben vor? Was Sie tun, wo Sie leben, wie und mit wem Sie Ihre Zeit verbringen ... Statt all das schlicht als Umstände zu betrachten, die sich einfach so ergeben, sollten Sie diesen Lebensentwurf als entscheidenden Beitrag zu Ihrem Lebensglück betrachten – und sich dann daran machen, aktiv das Leben zu gestalten, das Sie sich wünschen.

Selbst wenn Sie nicht genau wissen, was Sie wollen, sollten Sie das nicht als Entschuldigung dafür hernehmen, sich vorschnell zufriedenzugeben. Zugegeben, manchen

Leuten ist nicht ganz klar, was sie vom Leben erwarten, aber die meisten wissen ziemlich genau, was sie keinesfalls wollen. Wenn Sie nicht wissen, was Sie wollen, dann gehen Sie von dem aus, was Sie nicht wollen. Sie wollen zum Beispiel nicht in einem Büro arbeiten? Gut, dann überlegen Sie sich Möglichkeiten, außerhalb eines Büros zu arbeiten. Sie wollen nicht in der Stadt leben? Dann denken Sie über eine Veränderung nach, die Sie aufs Land bringen könnte. Sie sind unzufrieden mit Ihrem aktuellen Job? Dann beschäftigen Sie sich mit Alternativen, die Ihnen Spaß machen.

Oprah Winfrey hat einmal gesagt: »Wenn Sie sich mehr Erfüllung im Leben wünschen, dann müssen Sie Ihre Denkweise ändern.« Wenn Sie das verdiente große Glück noch nicht empfinden, dann denken Sie gründlich darüber nach, was Sie verändern müssen und wie Ihr neuer Lebensentwurf aussehen sollte, damit Sie mit mehr Freude leben.

Der Begriff »Lebensentwurf« mag auf Anhieb ein wenig einschüchternd klingen, aber setzen Sie sich nicht unter Druck, sofort ein perfektes Leben »entwerfen« zu müssen. Fangen Sie mit ein paar schnellen, einfachen Veränderungen und Verbesserungen an. Wenn Sie finden, dass Sie Ihre Familie oder Freunde nicht oft genug sehen, dann laden Sie sie gleich einmal ein. Wenn Sie den Eindruck haben, Sie sind in einer beruflichen Sackgasse gelandet, dann bringen Sie erst einmal Ihren Lebenslauf auf den neuesten Stand. Und wenn Sie meinen, ein Partner würde Ihrem Leben mehr Sinn verleihen, dann melden Sie sich bei einer Dating-Plattform oder einer Partneragentur an. Wichtig ist vor allem, dass Sie bewusste Entscheidungen treffen, mit denen Sie dem Leben näherkommen, das Sie sich wirklich wünschen.

ॐ

Sie haben nur ein Leben.
Sorgen Sie dafür,
dass Sie es mit Freuden leben.

ॐ

Das Schöne an solch kleinen Schritten ist, dass sie das Selbstvertrauen stärken und einen an das Gefühl gewöhnen, Verantwortung für sich zu übernehmen.

William zum Beispiel war sehr deprimiert. Er hatte einen Job, den er nicht sehr mochte, verbrachte seine Zeit mit Menschen, die ihm nicht besonders wichtig waren, und trank sehr viel mehr, als gut für ihn war. Er fürchtete, in einer Sackgasse gelandet zu sein, und seine Frau war genervt, weil er ständig über sein Leben jammerte.

William konnte sich nicht erinnern, wann er zum letzten Mal richtig zufrieden gewesen war, aber er hatte das ungute Gefühl, schon seit Abschluss der Uni nicht mehr. Natürlich gab es Dinge in seinem Leben, mit denen er sehr glücklich war, zum Beispiel seine Ehe, doch insgesamt empfand er eher Unzufriedenheit.

Ich wollte über die Entscheidungen reden, die William getroffen hatte, seit er die Uni verlassen hatte, aber das

Problem lag darin, dass er seither keine wirklichen Entscheidungen getroffen hatte. Statt sein Leben aktiv in die Hand zu nehmen, hatte er es eher geschehen lassen. Er machte eine Arbeit, in der er gut war, hatte sich jedoch nie gefragt, ob sie wirklich das war, was er wollte. Er hing mit seinen Freunden aus der Highschool rum, ohne je zu überlegen, ob sie seine Werte, Ziele oder Anschauungen teilten. Er versuchte, durch ständiges Ausgehen für ein bisschen Spaß zu sorgen, die Folge davon war bestenfalls ein anderer Kopfschmerz als der, der ihn sonst plagte.

Das Gefühl der Stärke und Selbstbestimmtheit ist ein entscheidender Faktor für dauerhaftes Glück, aber es ist schwierig, so zu empfinden, wenn man keine Verantwortung übernimmt und keine Entscheidungen trifft, die zum erträumten Leben beitragen.

William war klar, dass er nicht von einem Tag auf den anderen eine entscheidende Veränderung herbeiführen konnte, doch zumindest wusste er jetzt genau, was für ein Leben er anstrebte und dass es in seiner Hand lag, es zu verwirklichen. Er war nun voller Tatkraft und unendlich viel zufriedener.

Mit am wichtigsten für Ihr dauerhaftes Glück ist es, dass Sie sich Ihre Wertvorstellungen bewusst machen. Ihr Leben kann »auf dem Papier« gut aussehen, aber wenn es nicht mit Ihren Werten übereinstimmt, werden Sie sich vermutlich dennoch leer und unerfüllt fühlen. Einfach ausgedrückt, sind Ihre Werte die Dinge, denen Sie die größte Bedeutung beimessen. Auch wenn es sich nur um ein paar Worte handelt, sorgen Ihre Werte für wichtige

Erkenntnisse darüber, wer Sie sind und was für Sie am wichtigsten ist.

Mit klaren Wertvorstellungen wird es Ihnen leichter fallen, sich Ziele zu setzen und eine erfüllende Zukunft aufzubauen. Wenn Sie mit einer Entscheidung konfrontiert sind, gehen Sie von Ihren Werten aus und überlegen Sie, welche Kompromisse Sie bei den unterschiedlichen Optionen eingehen müssen. Treffen Sie bewusst Entscheidungen, die Sie zu einem Leben hinführen, das jederzeit Ihren Werten hundertprozentig entspricht.

ह✦

Konzentrieren Sie sich auf
das Wesentliche.
Berücksichtigen Sie Ihre Werte
und treffen Sie Entscheidungen,
die dazu passen.

✦ड

Wenn Sie im Leben wirklich glücklich sein wollen, müssen Sie mit Ihren Entscheidungen unmittelbar Ihre Werte stützen; alles andere führt zu Groll, Wut oder Desorientierung, egal, wie gut es von außen aussieht.

Jede Wahl, jede Entscheidung, die Sie treffen, hat Konsequenzen. Ich spreche sehr oft mit Menschen, die frustriert, unzufrieden, unglücklich mit ihrem Leben sind, und sobald ich genau hinhöre, stelle ich fest, dass es die Konsequenzen ihrer eigenen Entscheidungen sind, die sie leugnen, mit denen sie hadern oder gegen die sie rebellieren.

Vielleicht wollten Sie in ein größeres Haus umziehen, aber nun ist wegen der hohen Kreditraten Ihr Sozialleben eingeschränkt. Vielleicht haben Sie sich entschieden, in Teilzeit zu arbeiten, solange Ihre Kinder klein sind, aber jetzt ärgern Sie sich darüber, dass Ihre Karriere sich nicht mehr so dynamisch entwickelt wie früher.

Es ist wichtig, sich bewusst zu machen, dass jede einzelne Entscheidung Konsequenzen hat und dass es eine Energieverschwendung ist, sich über genau diese Konsequenzen zu ärgern. Sie sind eben so. Es mag Ihnen nicht gefallen, aber Sie müssen lernen zu akzeptieren, dass Ihre Entscheidungen Auswirkungen auf Ihr gesamtes Leben haben, nicht nur auf den Aspekt, den sie unmittelbar betreffen. Wenn Sie diese Auswirkungen nicht hinnehmen wollen, dann sollten Sie erneut Ihre Optionen überprüfen und abwägen, ob Sie mit einer anderen vielleicht besser zurechtkämen.

༄

Wenn Sie eine Entscheidung treffen,
akzeptieren Sie die Konsequenzen.
Dann fühlt es sich nicht
wie ein fauler Kompromiss an.

༄

Wenn Sie dann immer noch der Ansicht sind, dass keine andere Option für Sie in Frage kommt, dann müssen Sie

Ihre momentanen Lebensumstände akzeptieren und sich sagen: »Mein Leben ist vielleicht nicht perfekt, aber besser geht es im Augenblick nicht, und damit komme ich zurecht.« Bedenken Sie, dass kaum eine Phase im Leben ewig andauert und dass ein bestimmter Teilaspekt, der Sie gerade sehr einschränkt, zu einem späteren Zeitpunkt wieder wegfallen wird. Ihre Kinder werden ausziehen, was jede Menge Zeit und Energie freisetzen wird; der Chef, mit dem Sie es kaum aushalten, wird irgendwann den Job wechseln; Ihr Kredit wird abbezahlt und die Immobilienpreise werden gestiegen sein, und Sie werden deutlich wohlhabender sein als jetzt.

Angela stand vor einem beruflichen Dilemma. Sie hatte sich für eine Stelle in einem aufstrebenden Technologie-Start-up-Unternehmen entschieden und wollte dort so viel wie möglich lernen, weil sie wusste, dass das ihre zukünftigen Möglichkeiten maßgeblich erweitern würde. Einer der Nachteile dieser dynamischen Firma war, dass einige von Angelas Kollegen schneller aufgestiegen waren, als es in traditionellen Unternehmensstrukturen der Fall gewesen wäre. Ihr Chef war der klassische Fall eines Mitarbeiters, der »bis zur Stufe seiner absoluten Unfähigkeit« befördert worden war. Angela war genervt, weil sie in einem Arbeitsumfeld festsaß, in dem sie für ihren Vorgesetzten sowie mehrere ihrer Kollegen nur wenig professionellen Respekt aufbringen konnte.

Ich ging zusammen mit Angela ihre Optionen und mögliche Konsequenzen durch. Sie wusste, dass sie jederzeit zu ihrem vorherigen Arbeitgeber zurückkehren konnte; sie konnte sich einen Job in einem anderen Start-up-Unternehmen suchen; oder sie blieb, wo sie war – und akzeptierte, dass dies einerseits exzellente Karrierechancen, andererseits die Arbeit mit einem frustrierend unfähigen Chef und ebensolchen Kollegen mit sich brachte. Da sich ihr bereits nach einem Jahr Berufserfahrung in der jetzigen Position diverse Türen öffnen würden, beschloss Angela, im jetzigen Job durchzuhalten und hinzunehmen, dass ihr Boss sie in dieser Zeit wohl kaum beeindrucken oder inspirieren würde. Indem sie die Konsequenzen ihrer Entscheidung bewusst akzeptierte, sank ihr Stress- und Frustrationslevel beträchtlich, und sie fühlte sich wieder stark und selbstbestimmt.

»Ich habe keine andere Wahl« gibt es einfach nicht. Solange man Ihnen keine Waffe an die Schläfe hält, haben Sie immer eine Wahl. Die Umstände mögen es Ihnen manchmal schwermachen, alle Optionen zu überblicken. Vielleicht sind Sie ausgelaugt, weil kleine Kinder Sie fordern, haben große finanzielle Sorgen oder sind zutiefst bestürzt, weil Sie entdeckt haben, dass man Sie betrügt. Dennoch haben Sie immer verschiedene Optionen – Sie müssen sich nur entschließen, danach zu suchen.

»Keine Wahl« gibt es nicht.
Es gibt immer andere Optionen.
Suchen Sie danach.

Es wird vielleicht Zeit, Energie und Mut kosten, und manchmal müssen Sie die schwierigere Option wählen. Manchmal wird schon die simple Tatsache, dass Ihnen andere Optionen offenstehen, dafür sorgen, dass Sie sich mit Ihrer aktuellen Entscheidung besser fühlen. Sogar wenn Sie sich für Ihre aktuelle Lage gar nicht direkt verantwortlich fühlen, sind Sie zumindest verantwortlich dafür, wie Sie damit umgehen und, noch wichtiger, wie Sie sie verbessern.

Einfach weiterzumachen wie bisher und das auf einen Mangel an Optionen zurückzuführen scheint manchmal leichter, als den Status quo in Frage zu stellen und nach Alternativen zu suchen. Manche Leute fühlen sich insgeheim in einer Sackgasse sehr wohl, denn die Komfortzone zu verlassen kann einen völlig aus der Bahn werfen. Wenn Sie so denken, machen Sie sich bewusst, dass es *Ihr* Leben ist. Sie müssen es nicht ändern, wenn Sie das nicht wollen. Aber wenn Sie beschließen, nichts zu tun, dann sollten Sie Ihre augenblickliche Lage auch akzeptieren. Wenn Sie sich sagen: »Ich habe die anderen Optionen abgewogen und akzeptiere meine jetzige Situation«, werden Sie zufriedener sein.

Sollten Sie den Eindruck haben, in Ihrer Lage keine andere Wahl zu haben, dann bedenken Sie, dass Sie immer einen anderen Weg einschlagen können. Es mag nicht der sein, den Sie gehen wollen, und es kann sein, dass Sie sich dagegen entscheiden, aber es lohnt sich immer, zumindest darüber nachzudenken. Edward de Bono, der Guru des sogenannten lateralen Denkens, propagiert, mit der unwahrscheinlichsten Option zu beginnen und sich von da aus voranzutasten. Oft führt nämlich ausgerechnet deren Erkundung zur genau richtigen Entscheidung.

In jedem Leben gibt es gute und schlechte Tage, gibt es Erfolge und Niederlagen, schöne und traurige Ereignisse, Triumphe und, wenn auch sehr selten, echte Tragödien – so ist das Leben eben. Wenn Sie nicht wie ein Eremit leben wollen, kommen Sie um all diese Erfahrungen nicht herum. Wenn Sie jedoch wissen, wie Sie für Ihr persönliches Glück sorgen können, dann wird dieses Glück den Höhen und Tiefen des Lebens standhalten und Ihnen dauerhaft erhalten bleiben.

Einzelne Erlebnisse im Leben können kurzfristig überwältigende Glücksgefühle oder große Trauer hervorrufen, doch wahres Glück hängt nicht von den Ereignissen des heutigen Tages, dieser Woche oder dieses Jahres ab. Echtes Glück ist ein Zustand, der aus dem Innersten kommt.

Die Entdeckung, dass es in Ihrer Hand liegt, wie Sie mit Ihren Erfahrungen umgehen, wird Ihr Leben verändern. Die Erfahrungen im Leben der meisten Menschen ähneln sich, aber der Umgang damit bestimmt den individuellen Glückslevel. Es beeindruckt mich immer wieder, wenn ich von Leuten höre, die schwerste Krankheiten durchgemacht oder Tragödien erlebt haben, oder einen schrecklichen Verlust hinnehmen mussten und sich dennoch aufrappeln, um mit großer Entschlossenheit weiter ein sinnerfülltes Leben zu leben. Es ist so furchtbar sinnlos, wenn Menschen sich in ihrem Unglück suhlen, die Rolle des Opfers einnehmen und meinen, sie seien die Einzigen, die das Leben enttäuscht hat.

ॐ

Sehen Sie sich in Ihrem Leben
nicht als Opfer.
Selbstmitleid wird
nie zum Glück führen.

ॐ

Ein erfülltes, interessantes Leben wird auch negative Ereignisse und Erfahrungen für Sie bereithalten. Tun Sie Ihr Bestes, um damit klarzukommen. Sie müssen Ihre Gefühle nicht leugnen oder unterdrücken, aber Sie sollten sich auch nicht davon auffressen lassen.

ॐ

Selbstmitleid macht nicht glücklich.
Ihre Lage mag vielleicht
nicht optimal sein,
aber aussichtslos ist sie
in den seltensten Fällen.

ॐ

Menschen treffen – ob bewusst oder unbewusst – nicht immer die besten Entscheidungen für ihr dauerhaftes Glück. Überprüfen Sie immer wieder Ihre Entscheidungen, und wenn sie nicht in die richtige Richtung führen, dann fragen Sie sich, wofür Sie sich in diesem Moment *eigentlich* entscheiden.

Wenn Sie in Ihrer Paarbeziehung nicht wirklich respektiert werden, dann fragen Sie sich: »Welche Entscheidung treffe ich eigentlich, indem ich diese Beziehung fortführe?« Vielleicht lautet Ihre Antwort, dass Sie modern und liberal sein wollen oder dass die Liebe Sie blind macht, aber in Wahrheit könnte Ihre Entscheidung auch darin bestehen, Ihr schwaches Selbstwertgefühl zu zementieren, das Ihnen suggeriert, dass Sie die Liebe eines anderen Menschen gar nicht verdienen.

Wenn Sie feststellen, dass Ihr Alkoholkonsum ungesund hoch ist, könnten Sie sich sagen, dass Sie nach der Arbeit mit Hilfe von ein paar Drinks runterkommen wollen, weil es halt gerade eine schwierige Phase ist – aber vielleicht haben Sie in Wahrheit entschieden, Ihre Tendenz zum Alkoholismus zu verdrängen oder Ihre Lebenserwartung zu reduzieren.

*Sabotieren Sie nicht Ihre Chance
auf Lebensglück.
Machen Sie sich Ihre
eigentlichen Entscheidungen bewusst.*

Vielleicht behalten Sie einen Job, den Sie hassen, und geben mehr Geld aus, als Sie verdienen, was Sie damit rechtfertigen, dass Sie sich schließlich irgendwie trösten müssen. Ihre eigentliche Entscheidung besteht aber darin, sich selbst an diesen Job zu ketten, indem Sie sich verschulden und Ihr Einkommen auf diese Weise unverzichtbar wird.

Nehmen Sie jeden Aspekt Ihres Lebens unter die Lupe und fragen Sie sich: »Welche Entscheidung treffe ich hier tatsächlich? Und kann ich wirklich erwarten, dass sie mich dauerhaft glücklich macht?« Sie werden überrascht sein, was Sie alles zutage fördern.

Sie müssen sich nicht für das Glück entscheiden, Sie können auch einfach Ihr bisheriges Leben weiterführen. Aber warum versuchen Sie es nicht zumindest mal? Schon der Perspektivwechsel, den diese Entscheidung mit sich bringt, kann sich auf Ihr Leben ganz entscheidend positiv auswirken. Einer meiner Lieblingsgedanken über das Glück stammt von der Kochbuch-Bestsellerautorin Nigella Lawson. Obwohl ihr erster Mann, ihre Schwester und ihre Mutter an Krebs gestorben waren, nervte es sie, dass Interviewer immer davon ausgingen, dass sie unglücklich sein müsse. »Manche sähen mich gern als tragische Heldin ... es scheint unverzeihlich, dass ich glücklich bin. Es tut mir leid, aber es ist einfach besser, glücklich zu sein.« Und das ist schlicht die Wahrheit.

Entscheiden Sie sich für das Glück.
Es ist die einzig vernünftige Option.

🙶

Der **Erste Schlüssel zum Glück** sind mutige und richtige Entscheidungen. Immer wenn Sie sich dabei ertappen, jemand anderen für Ihre Lage oder Ihre Lebensumstände verantwortlich zu machen, sollten Sie sich fragen: »Welche Entscheidung treffe ich hier? Wie trage ich selbst zu dieser Situation bei?« Wenden Sie das *Prinzip Entscheidung* an, stellen Sie die Wahl, die Sie getroffen haben, in Frage, und wenn sie nicht gut für Sie ist, dann **übernehmen Sie Verantwortung** und treffen Sie eine andere und bessere Wahl.

Loslassen
Das Prinzip Akzeptanz

Der Wunsch nach Kontrolle ist eine der zentralen Ursachen für Stress und Unzufriedenheit – und das, wo doch schon die Vorstellung, man könne Kontrolle haben, eine Illusion ist. Vielleicht hätte man so etwas Ähnliches wie Kontrolle über sein Leben, wenn man in einer Luftblase oder auf dem Gipfel eines Berges lebte, wo man nie in Kontakt mit anderen Menschen käme, nicht aber in der modernen Welt.

Es gibt im Leben sehr wenige Dinge, die man unter Kontrolle hat, und das zu akzeptieren ist einer der Schlüssel zum lebenslangen Glück. Sie haben keinen Einfluss aufs Wetter, darauf, ob Ihr Zug pünktlich oder Ihr Flugzeug verspätet ist oder Sie in einem Stau stecken bleiben. Sie haben wenig Einfluss auf die Menschen um Sie herum, darauf, wie Ihr Partner sich verhält oder wie Ihre Kinder sich entwickeln.

Es gibt so viele Zufälle im Leben,
die Sie nicht unter Kontrolle haben.
Finden Sie heraus,
was Sie beeinflussen können,
und schließen Sie Frieden
mit dem ganzen Rest.

Was bringt es, herumzujammern, weil Sie einen Ausflug zum See geplant haben, aber der Wetterbericht Regen vorhersagt? Das Gejammer ändert rein gar nichts, verdirbt Ihnen aber einen Tag, der perfekt geeignet ist, gemütlich auf dem Sofa eine DVD anzusehen oder entspannt mittagessen zu gehen.

Wie oft sind Sie schon in Wut geraten, weil Sie am Telefon von einem Call-Center-Mitarbeiter oder gar einer automatischen Ansage eine unbefriedigende Antwort erhalten haben? Sie mögen mit der Stimme am anderen Ende der Leitung nicht einer Meinung sein, und ich weiß selbst, wie wenig hilfreich und wie frustrierend derartige Telefonate sein können, aber ist dieser Umstand es wert, Ihre Ausgeglichenheit gegen Stress einzutauschen?

Züge, Flugzeuge, Straßenverkehr – all das können Sie nicht kontrollieren. Also ist es das Beste, die häufigen Verspätungen einzukalkulieren: indem man etwas früher losgeht, vorsichtshalber etwas zu lesen einsteckt oder beim Warten mit einer Freundin telefoniert.

Sie sollten sich genau überlegen, welche Schlachten Sie schlagen wollen. Wenn Sie das Ziel haben, vorwiegend glücklich, zufrieden und erfüllt zu leben, dann sollten Sie klug genug sein, das zu vermeiden, was diesen Zustand in Gefahr bringt. Ich weise meine Klienten immer darauf hin, dass große Strategen wie Sun Tsu oder Machiavelli eine Armee nie in eine aussichtslose Schlacht geschickt hätten, und da ich annehme, dass Sie sich nicht im Krieg befinden, sind die Ressourcen, die Sie schonen müssen, Ihre Gefühle: das heißt, das Maß an Stress, Enttäuschung,

Frustration, Angst und Verletzungen zu begrenzen. Im Lauf Ihres Lebens werden Sie genügend Erlebnisse haben, die einige, wenn nicht alle diese Emotionen hervorrufen – warum sie also auch noch *gezielt* hervorrufen?

Aber genau das tun Sie mit jeder aussichtslosen Schlacht: Sie öffnen der Unzufriedenheit und dem Stress Tür und Tor. Also fragen Sie sich vor Ihrem nächsten Kreuzzug: »Wie stehen meine Chancen? Werde ich mit achtzig Prozent Wahrscheinlichkeit gewinnen, oder stürze ich mich in einen Kampf, der im Lichte der Einsicht, der Geschichte oder früherer Erfahrungen sehr wahrscheinlich verlorengehen wird?« Wenn Ihre Chancen gut stehen und das Ziel die Anstrengung wert ist, dann nichts wie los. Sollte die Antwort jedoch anders lauten, dann denken Sie einmal ehrlich darüber nach, worum es wirklich geht. Wenn Sie einfach nur recht haben wollen, sollten Sie sich fragen, ob es nicht einfachere Wege gibt, Ihr Ego zu pushen, und ob es Ihrem Selbstwertgefühl wirklich guttun wird, wenn Sie nur Zweiter werden.

ॐ

Überlegen Sie sich genau,
in welche Schlachten Sie ziehen.
Wenn Ihre Siegchancen
nicht wirklich gut stehen,
sparen Sie sich Ihre Energie
für anderes auf.

ॐ

Sehr häufig lassen sich Menschen auf aussichtslose Kämpfe ein, weil sie wütend sind und finden, dass alles seine Richtigkeit haben muss. In einer idealen Welt mag sich das lohnen, aber in unserer sollten Sie darüber nachdenken, ob Sie damit wirklich etwas bewirken, was Ihre Mühe wert ist.

Ich zum Beispiel habe den Kampf mit Telekommunikationsunternehmen und ähnlichen großen Organisationen aufgegeben und mich damit abgefunden, dass sie nach ganz eigenen Gesetzen zu funktionieren scheinen. Ich habe mich auch damit abgefunden, dass – egal, bei welchem Unternehmen – der Service immer gleich schlecht ist, die Gebühren zu hoch sind und ganz generell die Qualität nicht stimmt. Ich tue also nichts. Ist das nun das richtige Verhalten? Aus moralischer Sicht natürlich nicht. Ist es das Richtige für mich? Absolut. Ich frage mich immer: »Wie wichtig ist dieser Kampf, und habe ich gute Siegchancen? Wird der emotionale oder finanzielle Gewinn die negativen Seiten aufwiegen?« Wenn die Antwort nein lautet, stelle ich mir eine letzte Frage: »Kann ich mich mit der Situation wirklich abfinden?« Denn es hat natürlich keinen Sinn, sich gegen das Kämpfen zu entscheiden, wenn man hinterher weiterjammert. Also: machen oder Mund halten!

Dennoch gibt es natürlich Kämpfe, die Sie ausfechten möchten, obwohl Sie nicht sicher sein können, dass Sie sie gewinnen. Vielleicht glauben Sie, dass Ihre Mühen auch im Fall einer Niederlage zu einer größeren Sache beitragen oder dass Ihre Wert- und Moralvorstellungen

Sie dazu verpflichten. In diesen Fällen ist kämpfen sehr wahrscheinlich genau das Richtige. Dann jedoch müssen Sie, um Glück und Zufriedenheit zu bewahren, Ihre Energie darauf verwenden, Flagge zu zeigen und sich vom Gedanken an einen Sieg lösen. Was nicht bedeutet, dass Sie nicht gewinnen wollen. Es bedeutet nur, dass Ihr Glück nicht davon abhängt und Sie auch Erfüllung darin finden, tapfer gekämpft zu haben.

Eine solche Schlacht habe ich ganz am Anfang meiner beruflichen Laufbahn geschlagen. Mein damaliger Chef war ein Meister darin, seine Mitarbeiter zu tyrannisieren, zu schikanieren und einzuschüchtern. Immer wenn ich mit meinem direkten Vorgesetzten und dann mit dem Personalchef darüber sprach, hieß es, ich müsse mich mit der Situation abfinden oder mir eine neue Stelle suchen. Ich solle dankbar sein, denn eine Menge anderer Leute hätten liebend gern meinen Job. Schließlich belastete mich das Verhalten meines Chefs dermaßen, dass ich die körperlichen Folgen in Form von Haarausfall und Magenschmerzen zu spüren bekam. Als mein Hausarzt mich krankschreiben wollte, fand ich, dass es nun reichte. Diese »Krankheit« hatte eine konkrete Ursache, also wandte ich mich an einen Rechtsanwalt.

Zuerst fand mein Anwalt meinen Fall aussichtsreich, vor allem, weil ich in Form von detaillierten Aufzeichnungen und Korrespondenz genug Beweise hatte. Doch als ich ihm sagte, wer mein Arbeitgeber war, schreckte er zurück. Die Organisation, für die ich arbeitete, genoss diplomatische Immunität, was bedeutete, dass man ihre

Mitarbeiter nur in Fällen von Mord, Totschlag oder einem ähnlichen Schwerverbrechen vor Gericht bringen konnte. Mein Rechtsanwalt war wie ich der Meinung, dass es ein Skandal war, eine Organisation in dieser Weise vor juristischer Verfolgung zu schützen, und dass es nicht nur mein moralisches, sondern ein Menschenrecht war, gegen meinen Arbeitgeber vorzugehen. Er erklärte mir ausführlich, dass ich bei jedem anderen Arbeitgeber mit meiner Klage sehr gute Chancen gehabt hätte, doch in diesem Fall müssten wir erst einmal das Recht einklagen, überhaupt klagen zu dürfen ... vor dem Gerichtshof für Menschenrechte. Er schätzte unsere Chancen bei diesem ersten Verfahren auf fifty-fifty, war aber gern bereit, auf sein normalerweise hohes Honorar zu verzichten, weil er wusste, dass wir mit einem Erfolg Rechtsgeschichte schreiben würden.

Mir selbst ging es ausschließlich um meine Geschichte. Ich wollte mich erheben und es laut aussprechen: »Man hat mich schlecht behandelt, und das war nicht in Ordnung. Weder ich noch irgendwer sonst sollte so etwas erdulden müssen.« Ich wusste um die geringen Erfolgschancen und wollte trotzdem klagen. Wir verloren. Nach zwölf Monaten Anhörungen, Verhandlungen und Revisionen musste ich akzeptieren, dass die Immunität meines Arbeitgebers nicht aufgehoben werden würde und ich keine Möglichkeit hatte, mit meinem Fall vor Gericht zu ziehen.

Das war eine herbe Enttäuschung, doch wohlweislich hatte ich mich in diesem Kampf zwar engagiert, aber mich nicht vom Resultat abhängig gemacht. Schnell realisierte ich, dass ich schon Monate zuvor alles, was ich wollte, erreicht hatte. Ich war noch bei der Organisation angestellt, als die Klage zugestellt wurde. Ich hatte nichts anderes gewollt, als kundzutun: »Ihr Verhalten war NICHT in Ordnung!«, und der Gesichtsausdruck meines Chefs belegte, dass er meine Botschaft deutlich vernommen hatte, als er die gerichtliche Vorladung erhielt. Es war ein mühsamer Weg, und obwohl ich in der juristischen Auseinandersetzung letztlich unterlag, hatte ich mir Gehör verschafft. Und das verbuchte ich als einen Sieg.

Wer auf Kontrolle fixiert ist, vergisst darüber leicht, dass das Leben ein Weg ist, auf dem man wandert, nicht ein Ziel, zu dem man gelangt. Loszulassen und sich nicht an Resultate zu klammern, die man nicht im Griff hat, macht es leichter, Erfahrungen als das zu schätzen, was sie sind: eine Quelle der Einsicht.

Klammern Sie sich nicht an Ergebnisse.
Schätzen Sie Ihre Erfahrungen als das,
was sie sind:
eine Quelle der Einsicht.

Jedes Ziel, das Sie sich setzen, besteht in der Absicht, innerhalb eines festgelegten Zeitrahmens ein bestimmtes Resultat zu erreichen. Wenn Sie keine Kristallkugel besitzen, können Sie schwerlich die Zukunft voraussagen, und doch stelle ich oft fest, dass Leute, die ihr Ziel verfehlen, meinen, sie hätten in diesem Fall versagt, oder schlimmer, sie seien generell Versager. Wenn Sie jedoch in der Lage sind, sich vom Ergebnis zu lösen, wird es Ihnen viel leichter fallen zu akzeptieren, dass Sie zwar Ihr Bestes gegeben haben, aber auf manches keinen Einfluss hatten. Dann können Sie Ihre Bemühungen wieder auf das konzentrieren, was Sie beeinflussen können.

ॐ

Wenn Sie kein Hellseher sind,
können Sie nicht in die Zukunft blicken.
Konzentrieren Sie sich auf das,
was Sie beeinflussen können,
und sorgen Sie sich nicht um den Rest.

ॐ

Das Beste aus sich zu machen ist kein Wettbewerb, es geht nicht darum, Erster zu werden. Trotzdem sind viele geradezu versessen darauf, »besser zu sein als ...«, statt einfach ihr Bestes zu geben. Sie möchten in diesem besser sein als Herr X, in jenem besser als Frau Y. Sie wollen mehr Geld haben, ein größeres Haus, ein schickeres Auto, einen besseren Job und so weiter. Immer wenn Sie sich in einen solchen Wettbewerb stürzen, reduzieren Sie Ihre Glückschancen und unterminieren Ihr Selbstwertgefühl. Schauspielerin und Oscar-Gewinnerin Reese

Witherspoon weiß, wie sinnlos dieser Wettbewerb ist. Der Zeitschrift *Vanity* sagte sie: »Man kann nicht gewinnen. Man wird nie die Dünnste oder Schönste oder Klügste oder Lustigste sein. Ich will einfach nur das Beste aus mir selbst machen.« Wirklich weise Worte.

ৡ✖

Verabschieden Sie sich von
Sieg und Niederlage.
Im Spiel des Lebens ist Dabeisein
und das Beste zu geben alles.

✖ঌ

Sie sollten immer nur mit sich selbst konkurrieren. Jeder von uns verfügt über eine individuelle Kombination aus Stärken und Schwächen, positive Seiten und solche, die uns weniger gut zu Gesicht stehen. Das Beste aus sich zu machen ist das einzig lohnende Ziel, also konzentrieren Sie sich im Leben darauf und lassen Sie allen anderen deren eigene Ziele.

Jeder Mensch trifft seine eigenen Entscheidungen, doch wenn es sich um einen geliebten Menschen handelt, kann es sehr schwer sein, nur zuzusehen, wenn man mit dessen Entscheidungen nicht einverstanden ist. So machte Andrew eine schwere Zeit durch, weil er mit der Partnerwahl seiner Tochter nicht klarkam. Nach seinen Worten war der Typ an sich gar nicht so schrecklich, nur einfach nicht der Richtige für seine Tochter, weswegen

Andrew sich Sorgen machte, dass dieser Mann sie langfristig unglücklich machen würde.

Als Andrew mir zum ersten Mal davon erzählte, überlegte er, wie er das seiner Tochter gegenüber ansprechen konnte, wie er ihr vermitteln könnte: »Ich als dein Dad bin sehr unglücklich mit deiner Wahl.« Er wollte seine Tochter von dem Mann abbringen, aber, weil er ein liebender Vater war, zugleich möglichst keinen Konflikt provozieren.

Andrew liebte seine Tochter wirklich sehr, er wollte sie nicht kontrollieren, er wollte nur ihr Glück. Doch wenn er ein gesundes Verhältnis zu ihr haben wollte, musste er akzeptieren, dass sie – ungeachtet seiner Fürsorgepflicht ihr gegenüber – für ihr Leben selbst verantwortlich war.

In einer Liebes- oder Fürsorgebeziehung mit einem Erwachsenen haben Sie eine Obhutspflicht. Wenn Sie seinetwegen besorgt sind, dann sollten Sie dieser Sorge Ausdruck verleihen; aber Sie sind keineswegs verantwortlich, wenn dieser Mensch aufgrund Ihrer Besorgnis etwas tut oder unterlässt. Es ist sein Leben, und nur er ist dafür verantwortlich.

֍

Egal, wie wichtig Ihnen ein Mensch ist,
Sie tragen nicht die Verantwortung
für sein Glück.

֍

Wenn es sich Ihrer Ansicht nach um einen Menschen handelt, der überhaupt nicht in der Lage ist, sinnvolle Entscheidungen zu treffen, zum Beispiel bei Drogenabhängigkeit oder einer psychischen Erkrankung, oder wenn die Gefahr der Selbstverletzung oder Verletzung anderer besteht, könnte ein Teil Ihrer Obhutspflicht selbstverständlich darin bestehen, an dessen Stelle zu handeln – aber das sind wirklich extreme Ausnahmefälle.

Als Andrews Tochter noch klein war, war er für ihre Gesundheit, Sicherheit, ihr emotionales und körperliches Wohlbefinden unmittelbar verantwortlich. Doch nun, da sie erwachsen war, hatte sie das Recht, ihre eigenen Entscheidungen zu treffen, ihren eigenen Weg zu gehen und damit auch aus ihren eigenen Fehlern zu lernen.

Natürlich möchten Sie, dass es den Menschen, die Ihnen wichtig sind, gutgeht, das heißt allerdings nicht, dass diese damit in Ihren Verantwortungsbereich fallen. Andrew gelang es, die Beziehung zu seiner Tochter als eine zwischen zwei Erwachsenen zu gestalten, in der beide gleichermaßen füreinander Fürsorge tragen. Noch immer ist er von Zeit zu Zeit ihretwegen beunruhigt, aber er weiß jetzt, dass ihr Glück nicht in seiner Verantwortung liegt, und damit ist eine Menge Druck und Sorgen von ihm abgefallen.

Sie können niemanden zwingen, etwas zu tun, was Sie wollen oder was derjenige nicht will. Das gilt gleichermaßen, ob Sie einen bestimmten Job bekommen wollen, sich verlieben oder Ihre Kinder dazu bringen möchten, aufzuräumen. Sie können die Handlungen eines anderen

Menschen nicht kontrollieren. Trotzdem haben Sie natürlich die Möglichkeit, das Resultat zu beeinflussen.

Ihre Einflussmöglichkeiten wahrzunehmen ist etwas völlig anderes, als zu versuchen, eine Situation zu kontrollieren. Wenn Sie einen neuen Job suchen, können Sie Ihren Erfolg beeinflussen, indem Sie recherchieren, Ihren Lebenslauf auf Vordermann bringen, pünktlich und gut vorbereitet zum Vorstellungsgespräch kommen und rechtzeitig nachhaken. Sie können niemanden zwingen, Sie unter den Bewerbern auszuwählen, Sie können jedoch sämtliche Chancen nutzen.

ॐ

Sie können niemanden zu etwas zwingen,
nur weil Sie es wollen.
Sie haben aber sehr wohl die Möglichkeit,
Entscheidungen zu beeinflussen.

ॐ

Sie können niemanden dazu bringen, Sie zu lieben, doch wenn Sie auf Partnersuche sind, können Sie alle Ihre Möglichkeiten ausschöpfen, den Richtigen zu finden, indem Sie neue Leute kennenlernen und sich bewusst machen, was Sie suchen: Zu welchen Kompromissen Sie bereit sind, was für Sie tabu ist, und welche Werte für Sie in einer Partnerschaft eine Rolle spielen. So erkennen Sie gleich, wenn Ihnen jemand über den Weg läuft, der in Frage kommt.

Jeder, der Kinder hat, wird bestätigen, dass sie einen freien Willen haben. Sie können Ihre Kinder zu nichts zwingen, aber mit gutem Beispiel vorangehen, um sie zum gewünschten Verhalten zu bewegen. Sie können sie mit Belohnungen motivieren und ihnen durch Tadel oder Strafe vermitteln, dass es Konsequenzen hat, wenn sie nicht das tun, was Sie sagen. Wenn Sie Ihren Einfluss auf diese Weise nutzen, werden Sie das gewünschte Resultat zumindest manchmal erzielen. Wenn Sie dagegen ständig mit direktem Zwang operieren, werden Sie nur Widerstand und Rebellion hervorrufen. Selbst kleine Kinder mögen es nicht, zu etwas gezwungen zu werden, ganz zu schweigen von Teenagern.

Um Einfluss zu nehmen, fragen Sie sich am besten: »Welches Resultat möchte ich erzielen?« Solange Sie nicht genau wissen, was Sie wollen, werden Sie es schwerlich bekommen. Sehr häufig bemerke ich, dass Menschen über den einen Punkt reden, ihnen in Wahrheit jedoch ein ganz anderer wichtig ist. Eine meiner Freundinnen hat mir geschildert, wie die Auseinandersetzungen mit ihrem Lebensgefährten ablaufen: »Er will immer recht bekommen, und ich möchte meinen Willen durchsetzen. Ich habe herausgefunden, dass ich, wenn ich ihm nur recht gebe, immer meinen Willen bekomme.« Natürlich hätte sie sich auch herumstreiten können, bis sie schwarz wird, aber sie war klug genug festzustellen, dass ihr nur am Ergebnis, nicht an der Bestätigung lag. Es handelt sich um eine sehr glückliche Beziehung, also gehe ich davon aus, dass ihr Partner herausgefunden hat, dass er die

Bestätigung sucht, während ihm das Ergebnis weniger wichtig ist.

Sie können immer dann
das Beste aus einer Situation herausholen,
wenn Ihnen klar ist,
was genau Sie erreichen wollen.

Das gilt für alle Konflikte oder Herausforderungen, mit denen Sie konfrontiert sind. Wenn Sie erst einmal definiert haben, wie das ideale Resultat aussehen soll, können Sie Ihren Einfluss darauf konzentrieren. Und sobald Ihnen klargeworden ist, dass Sie nur Einfluss, aber keine Kontrolle haben, können Sie sich vom Resultat lösen und dafür sorgen, dass Ihr Glück nicht allein davon abhängt.

Kontrollbedürfnis hängt unmittelbar mit der Stärke des Selbstwertgefühls zusammen und ist Teil dessen, was ich als »Überleistersyndrom« bezeichne. Je schwächer Ihr Selbstwertgefühl ausgeprägt ist, desto mehr Bestätigung suchen Sie von außen und desto mehr versuchen Sie, jede Situation zu kontrollieren, um sicherzugehen, dass Sie diese Bestätigung bekommen. Je stärker dagegen Ihr Selbstwertgefühl ist, desto leichter können Sie sich selbst Bestätigung verschaffen, das heißt, Sie selbst sagen sich, dass Sie großartig sind. Menschen, die Hochleistungen vollbringen, haben ein starkes Selbstwertgefühl, sie vertrauen darauf, ihr Bestes gegeben zu haben, und wissen, dass das gut genug ist. Überleister dagegen fürchten ständig, nicht gut genug zu sein, und geben sich deshalb immer noch mehr und noch mehr Mühe, um die ersehnte Bestätigung zu bekommen. Überleister sind selten glücklich, denn sie sind Perfektionisten und Kontrollfreaks, also die unentspanntesten Menschen der Welt.

Wenn ich bei meinen Vorträgen in Firmen von Überleistern, Perfektionisten und Kontrollfreaks spreche, geht immer ein bekräftigendes Raunen durch die Reihen. Ausnahmslos mindestens die Hälfte der Anwesenden erkennen, dass sie zu denen gehören, deren Selbstwertgefühl von der Bestätigung anderer Menschen abhängt, und dass sie immer alles kontrollieren wollen, um die Chancen für diese Bestätigung zu erhöhen. Ich spreche häufig vor mehr als tausend Leuten, und über fünfzig Prozent von ihnen stehen ihrem Glück selbst im Weg!

ु‍≈

Kontrollsucht ist ein Zeichen
schwach ausgeprägten Selbstwertgefühls.
Je zufriedener Sie mit sich sind,
desto weniger haben Sie das Bedürfnis,
alles um sich herum zu kontrollieren.

≈‍ु

Der Wunsch nach Kontrolle wirkt wie ein Gift, er vergällt jede Möglichkeit, im Leben dauerhaft glücklich zu werden. Das Einzige, was Sie je ganz unter Kontrolle haben, ist, das zu werden, was Sie sein wollen – also entscheiden Sie sich, das Beste aus sich zu machen.

৯❧

Das zu sein, was Sie sein wollen,
ist das Einzige,
was Sie unter Kontrolle haben.
Also machen Sie
einfach das Beste aus sich.

❧৭

Der **Zweite Schlüssel zum Glück** besteht darin, sich nicht an Ergebnisse zu klammern, die man nicht beeinflussen kann. Immer wenn Sie wütend oder frustriert sind, sollten Sie sich fragen: »Welchen Einfluss habe ich tatsächlich auf diese Situation?« Wenden Sie das *Prinzip Akzeptanz* an: Solange Sie nicht sicher sind, dass Sie auf das Ergebnis ein hohes Maß an Einfluss ausüben können, atmen Sie tief durch, **lassen Sie los** und machen Sie sich frei von der Quelle Ihres Unmuts.

Im Jetzt leben
Das Prinzip Präsenz

Der wichtigste Augenblick in Ihrem Leben ist dieser. Nicht gestern oder irgendein Höhepunkt Ihrer goldenen Vergangenheit. Nicht morgen oder ein anderer zukünftiger Zeitpunkt, an dem Sie Ihre Ziele erreicht zu haben glauben. Der einzige Moment, der wirklich zählt, ist genau jetzt.

Es ist eine wichtige Fähigkeit, aus der Vergangenheit zu lernen, denn sie enthält viele Antworten auf die Fragen, wer Sie sind und warum Sie so denken, fühlen oder handeln, wie Sie es tun. Wenn Sie Ihre früheren Erfahrungen verstehen, wird Ihnen das helfen, im Leben voranzukommen. Die Lektionen, die Sie gelernt haben, machen Sie souveräner, stärker und klüger in Ihren Entscheidungen und Ihrem Handeln.

Akzeptieren Sie die Vergangenheit,
träumen Sie von der Zukunft,
aber leben Sie im Augenblick.

Ein kurzer Blick auf die Vergangenheit kann sehr hilfreich sein, wenn Sie auf der Stelle treten und nach Antworten suchen, aber wenn Sie in der Vergangenheit verhaftet bleiben, wird Sie das ausbremsen und daran hindern, das Beste aus Ihrem Leben herauszuholen. Jeder kennt Leute, die ständig darüber klagen, was ihnen letzte Woche, letzten Monat oder letztes Jahr widerfahren ist. Gehören Sie vielleicht auch dazu? Die Vergangenheit ist vergangen, und wenn Sie nicht über eine Zeitmaschine verfügen, können Sie nichts mehr daran ändern. Also verschwenden Sie Ihre Energie nicht mit Gejammer. Sehen Sie die Vergangenheit so, wie sie ist, nicht so, wie sie hätte sein können oder wie Sie sie gern gehabt hätten. Sobald Ihnen das gelingt, können Sie Ihre Energie darauf konzentrieren, so zu leben und so zu werden, wie Sie es wollen.

Wenn Sie in der Vergangenheit leben, versperrt Ihnen das den Weg zum Glück, und diese Sperre beseitigen Sie am besten, indem Sie sich klarmachen, dass niemand aus der Vergangenheit für Ihre Zukunft verantwortlich ist. Ich gerate ziemlich oft an Erwachsene, die ihre Eltern dafür verantwortlich machen, wer sie sind und wie sich ihr Leben entwickelt hat. Die meisten Leute haben Höhen und Tiefen hinter sich, doch selbst wenn Sie eine wirklich schreckliche Kindheit hatten, muss das nicht Ihre gegenwärtige Identität prägen. Das gilt genauso für eine missglückte Beziehung, in der Ihr Vertrauen oder, schlimmer, Sie selbst missbraucht wurden. Das Beste an der Vergangenheit ist, dass sie da ist, wo sie hingehört, und dass Sie, egal, wie sie war, in der Zukunft nicht ihr Gefangener bleiben müssen.

Aus der Vergangenheit zu lernen
bringt Sie voran.
Sich an die Vergangenheit
zu klammern hält Sie auf.

Manchen Menschen fällt es leicht, nach dieser Prämisse zu leben und loszulassen. Bei anderen hingegen ist das komplizierter, sie brauchen dazu vielleicht die Unterstützung eines Experten: einen Coach oder Psychologen. Wenn das auf Sie zutreffen könnte, handeln Sie sofort und holen Sie sich die nötige Hilfe, damit Sie Ihre Vergangenheit hinter sich lassen können und im Leben vorankommen.

Sie sollten niemanden
aus der Vergangenheit
für Ihre Zukunft verantwortlich machen.
Nur Sie selbst
sind für Ihre Zukunft verantwortlich.

Rebecca hatte eine Menge unterschiedlichster Ziele, darunter Reisen, Hauskauf und beruflichen Aufstieg. Auch der Wunsch abzunehmen gehörte dazu. Denn obwohl Rebecca sehr lebendig und dynamisch war, hatte sie starkes Übergewicht, so stark, dass es sich inzwischen negativ auf ihre Gesundheit auswirkte und einigen ihrer Ziele im Weg stand.

Nachdem wir uns einige Wochen mit diesen anderen Zielen beschäftigt hatten, wandten wir uns ihrem Gewicht und der Überlegung zu, wie sie es auf ein gesundes Maß reduzieren könnte. Ich fragte Rebecca, ob sie in der Vergangenheit schon einmal Erfolg mit einer Diät oder der Veränderung ihrer Essgewohnheiten gehabt hätte. Ich wollte so den Hintergrund ihrer Gewichtsprobleme verstehen und herausfinden, ob sie frühere gesunde Essgewohnheiten auf die gegenwärtige Situation übertragen könnte. Doch statt mir ihre Erfolge oder Misserfolge mit Diäten zu schildern, begann Rebecca sofort mit Feuereifer zu erklären, *warum* sie zu dick war. Aus ihrer Sicht hatten ihre Gewichtsprobleme in der Teenagerzeit begonnen: Während sie sich auf die Aufnahmeprüfung der Universität vorbereitete, hatte sie sich angewöhnt, zwischendurch Fast Food zu futtern, und so ein paar Kilo zugenommen. Als ihrer Mutter das auffiel, sagte sie etwas in der Richtung: »Besser, du tust was dagegen. Je älter man wird, desto schwerer fällt das Abnehmen, und ich will nicht, dass du fett wirst.«

Ich hoffe, dass Rebeccas Mutter in der Rückschau klargeworden ist, dass das nicht gerade das Einfühlsamste oder Motivierendste war, was man einer Teenagerin sagen kann. Ich nehme zu ihren Gunsten einmal an, dass sie es einfach gut meinte, aber egal, was sie dachte, war es sicher nicht ihre Absicht, ihre Tochter für die nächsten zwanzig

Jahre in den Teufelskreis der Fressattacken zu treiben, der von ein paar Kilos über Idealgewicht zu Fettleibigkeit führte.

Je mehr ich nach Rebeccas Erfahrungen forschte, desto beharrlicher führte sie ihre Gewichtsprobleme ausschließlich auf diesen einen Kommentar ihrer Mutter zurück. Er mochte damals ja einen gewissen Mechanismus in Gang gesetzt haben, doch angesichts der Tatsache, dass dies mehr als ihr halbes Leben zurücklag, bestand die eigentliche Frage vielmehr darin, wie lange Rebecca es noch zulassen wollte, dass die Worte ihrer Mutter ihr den Weg in eine gesunde, glückliche Zukunft verbauten.

Ob Ihre Vergangenheit der Zukunft im Wege steht, merken Sie daran, wie stark Sie emotional involviert sind, wenn Sie daran zurückdenken. Wenn Sie sich an Trauer, Verletzungen, Wut oder Enttäuschungen zurückerinnern, sind diese Emotionen dann immer noch ganz präsent? In dem Fall blockieren sie Sie möglicherweise und hindern Sie daran, sich weiterzuentwickeln.

Rebecca war gar nicht bewusst, wie viel Bedeutung sie dieser früheren Bemerkung beimaß, und sie musste zugeben, dass sie allein dafür verantwortlich war, wie sie heute, in der Gegenwart, tagtäglich mit Ernährung und Sport umging.

Dank dieser Erkenntnis konnte sie mit ihren Zielen in Sachen Essen und Training völlig anders umgehen. Auch wenn dies nach wie vor nicht leicht sein würde, sah sie nun ein, dass nur sie allein sich dieser Herausforderung stellen konnte. Langsam, aber sicher befreite sich Rebecca von ihren überflüssigen Pfunden, ebenso wie von der Wut auf ihre Mutter, die sie über Jahre mit sich herumgeschleppt hatte.

Joan Didions autobiographisches Buch »Das Jahr magischen Denkens« beginnt mit den Zeilen: »Das Leben ändert sich schnell. Das Leben ändert sich in einem Augenblick.« Was sie anlässlich des plötzlichen Todes ihres Ehemanns schrieb, kann uns allen als Mahnung dienen. Dinge können sich sehr überraschend ändern, und das Leben, das man für selbstverständlich hielt, kann plötzlich so fundamental anders aussehen, dass man es nicht mehr wiedererkennt – was für eine Verschwendung wäre es also, wenn man es nicht ausgekostet hätte.

Ich mache immer den »Vom-Bus-überfahren-Test«: Wenn mein Leben von einem Augenblick zum anderen zu Ende wäre, könnte ich guten Gewissens sagen, ich hätte es bis dahin genossen? Dabei geht es nicht darum, ob mein Leben perfekt war, ich alles erledigt habe, was ich vorhatte, überall war, wo ich hinwollte, oder alles gekauft habe, was auf meiner Einkaufsliste stand. Es geht nur darum, ob, wenn mein Leben enden oder meine Lebensqualität sich verschlechtern sollte, ich zufrieden, erfüllt und glücklich mit dem Bisherigen sein könnte.

Deshalb ist es wichtig, an jedem einzelnen Tag nach Freude zu streben. Es mag nicht unmittelbar einleuchtend klingen, aber wenn Sie sich täglich daran erinnern, wie schön es ist, am Leben zu sein, werden Ihnen gute Gründe dafür ganz automatisch einfallen.

Ob man überzeugt ist, in diesem Moment glücklich zu sein, ist ein guter Test für Präsenz, ebenso wie der Versuch, ruhig dazusitzen und sich auf den Augenblick zu konzentrieren.

ॐ

Streben Sie jeden einzelnen Tag
nach Lebensfreude.
Nur weil sie nicht sofort ins Auge sticht,
heißt das nicht,
dass sie nicht vorhanden ist.

ॐ

Wenn Sie als Kind ähnlich drauf waren wie ich, dann mussten die Lehrer Sie und Ihre Klassenkameraden sicher ständig ermahnen, stillzusitzen und aufzupassen. Das ist eine echte Herausforderung in einem Alter, in dem das Leben so aufregend ist und es so viele Dinge gibt, die die kindliche Aufmerksamkeit auf sich ziehen. Im Informationszeitalter ist die Herausforderung, stillzusitzen und aufzupassen, auch für uns Erwachsene enorm groß. Wir müssen E-Mails lesen, twittern, Websites aktualisieren, Videos ansehen, Blogs lesen ... und statt dies auf die Arbeitszeit zu beschränken, schleppen wir ständig Geräte mit uns herum, die aus Ablenkungen und Informationsflut ein Rund-um-die-Uhr-Problem machen. Es gibt die verschiedensten Strategien, um diesen Wahnsinn in den Griff zu bekommen, und wenn man nicht wenigstens zeitweise alle vorhandenen Informationsquellen abschaltet, wird es wirklich schwer, sich zu entspannen und den Augenblick zu genießen.

Denken Sie mal zwanzig Jahre zurück. Können Sie sich vorstellen, dass damals zwei Leute zusammen im Café saßen und SMS tippten, statt sich miteinander zu unterhalten? Es ist noch gar nicht so lange her, da erwartete man ausschließlich vom obersten Boss, dass er beim Frühstück, beim Abendessen oder generell außerhalb des achtstündigen Arbeitstags über die geschäftliche Korrespondenz auf dem Laufenden war. Nachrichtensendungen gab es abends, und wenn man mal eine verpasste, konnte man das am nächsten Morgen nachholen. Vielleicht klinge ich jetzt sehr alt, aber ist es wirklich so lange her, dass Familienmahlzeiten vor allem dazu da waren, sich miteinander zu unterhalten? Anrufe waren die einzig vorstellbare Störung, und da die meisten Leute fanden, dass es unhöflich war, zur Abendessenszeit anzurufen, blieben auch diese Störungen in der Regel aus.

Es ist schwer, präsent zu sein,
wenn Ihre Aufmerksamkeit ständig
von neuen Informationen
in Beschlag genommen wird.
Schalten Sie einfach mal ab
und sitzen Sie still.

Nicks Leben schien nur noch aus Unterbrechungen zu bestehen, und am Ende jeden Tages hatte er ein schlechtes Gewissen, weil er kein bisschen Zeit uneingeschränkt seinem zwölfjährigen Sohn gewidmet hatte. Auf die Mahlzeiten angesprochen, berichtete er mir, dass sein Sohn und er zwar häufig zur gleichen Zeit frühstückten, aber diese Zeit nicht für Gespräche nutzten. Wie viele andere Menschen auch, war Nick viel zu sehr damit beschäftigt, E-Mails zu checken, SMS ins Büro zu schicken und auf dem Laptop die neuesten Nachrichten zu verfolgen. Er versuchte, mit so vielen Dingen gleichzeitig zu jonglieren, dass er seinem Sohn nicht die geringste Zuwendung schenkte.

Die typischen Probleme, die das moderne Leben mit sich bringt, werden sich nicht in Luft auflösen, also liegt es an jedem selbst, wie er damit umgeht. Damit Nick etwas mehr Zeit mit seinem Sohn verbringen konnte, schlug ich ihm vor, Telefon, Smartphone und Laptop vom Frühstückstisch zu verbannen und die Zeit lieber für Gespräche mit seinem Sohn zu nutzen. Es wirft ein trauriges Licht auf unsere Zeit, dass so eine Idee revolutionär erscheint.

Mir scheint sie simpel: Sei da, wenn du da bist.

Auf einem meiner Workshops wurde ich kürzlich gefragt, wie ich die vielen unterschiedlichen Rollen in meinem Leben manage: Coach für meine Klienten, Trainerin für andere Coaches, Buchautorin, Rednerin und zugleich eine gute Ehefrau und fürsorgliche Mutter. Ob ich mich nicht die ganze Zeit zerrissen und schuldig fühle? Ganz ehrlich: nein! Ich jongliere mit all diesen Rollen, indem ich eben nicht jongliere. Ich bemühe mich immer darum, dass die Rolle, die ich gerade übernehme, in diesem Moment die einzige Rolle ist. Zugegeben, es gelingt mir natürlich nicht perfekt und manchmal mache ich Fehler, aber meine Absicht ist es, der jeweiligen Rolle hundert Prozent meiner Aufmerksamkeit zu schenken.

ॐ

Seien Sie da, wenn Sie da sind.
Jonglieren Sie nicht gleichzeitig
mit allen Ihren Rollen.
Konzentrieren Sie sich
auf die jeweils aktuelle
und geben Sie darin Ihr Bestes.

ॐ

Wenn ich mit meiner Tochter zusammen bin, vermeide ich geschäftliche Telefonate und beantworte keine E-Mails, und in der Arbeit widme ich meinen Klienten meine ganze Aufmerksamkeit, ohne darüber nachzudenken, ob meiner Tochter wohl ihr Mittagessen geschmeckt hat. Zum Bücherschreiben halte ich meinen Terminkalender frei, und Urlaub heißt bei mir: »Bitte nicht stören!«

Es geht nicht darum, perfekt zu sein, sondern darum, Ihr Bestes zu geben. Eine der einfachsten Methoden, den Menschen in Ihrem Leben Ihre beste Seite zu zeigen, ist, ihnen die volle Aufmerksamkeit zu schenken, wenn Sie mit ihnen zusammen sind.

Gewöhnen Sie sich ab, E-Mails schreiben zu wollen, während Sie telefonieren. Machen Sie den Fernseher aus oder legen Sie Ihr Buch zur Seite, wenn jemand mit Ihnen sprechen möchte. Und gehen Sie einfach nicht ans Telefon, wenn Sie nicht bereit sind, dem Anrufer die verdiente Aufmerksamkeit zu schenken.

Multitasking macht Sie nur unglücklich und erhöht Ihren Stresslevel, also konzentrieren Sie sich lieber auf eine einzige Aufgabe. Erfüllen Sie diese nach bestem Wissen und Können, und wenn Sie fertig sind, gehen Sie die nächste an. Sie sollten diese Vorgehensweise nicht damit verwechseln, eine ruhige Kugel zu schieben. Sie werden feststellen, dass Sie viel schneller vorankommen, wenn Sie eines nach dem anderen erledigen, und Ihre Pflichten werden Ihnen viel weniger als Bürde erscheinen, wenn Sie nicht versuchen, alle auf einmal zu bewältigen.

Multitasking ist stressig.
Sie werden viel schneller fertig,
wenn Sie eins nach dem anderen erledigen.

Im Augenblick zu leben bedeutet auch, dass Sie aufhören, Ihr Leben mit Zukunftsphantasien zu verschwenden. Ich glaube ganz fest an die Wichtigkeit einer Vision, an das Setzen von Zielen und an entsprechende Pläne, um diese Ziele zu erreichen. Aber es ist entscheidend, nicht so auf die Zukunft fixiert zu sein, dass man sein gegenwärtiges Leben gar nicht mehr genießen kann.

Wenn Sie eines Ihrer Ziele erreicht haben, sollten Sie innehalten, tief durchatmen und Ihren Erfolg in vollen Zügen genießen, statt sofort weiterzueilen zum nächsten Meilenstein Ihres Plans.

ॐ

Es ist schön, eine Vision zu haben,
aber konzentrieren Sie sich nicht
so ausschließlich auf Ihr nächstes Ziel,
dass Sie vergessen,
sich über das bisher Erreichte zu freuen.

ॐ

Martha hatte eine Coffeeshop-Kette gegründet, die schnell expandierte, und war getrieben vom typischen Unternehmergeist: Sie wollte ständig etwas verändern und schnelle Ergebnisse und Erfolge, die man sehen und anfassen konnte. Während einer unserer Coachingsitzungen war sie niedergeschlagen und gar nicht so energiegeladen wie sonst. Sie erzählte, dass die Anmietung neuer Räumlichkeiten nicht geklappt hatte und dass das, nach der vielen Arbeit, die sie in dieses Projekt gesteckt hatte, ihre Expansionspläne um mindestens drei Monate zurückwarf. Sie war zutiefst frustriert, weil sie *nichts* erreichen würde.

Martha war so fixiert auf die nächsten Schritte – die

nächste Filiale, die sie eröffnen, den nächsten Filialleiter, den sie einstellen wollte –, dass sie gar nicht in der Lage war zu sehen, welchen geschäftlichen Erfolg sie bisher errungen hatte. Als Martha eine Liste all der Dinge aufstellte, die sie in den letzten zwölf Monaten geschafft hatte, war sie verblüfft. Immer wenn ein Ziel erreicht war, hatte sie sich sofort in die nächste Etappe gestürzt und sich nie die Zeit genommen, das Erreichte auf sich wirken zu lassen und den Erfolg auszukosten.

Es gehört zu den besonderen Freuden im Leben, die Zukunft zu planen und sich auszumalen, wie sich hoffentlich alles entwickeln wird – aber nur, wenn man nicht so fixiert auf das ist, was man *irgendwann einmal erreichen wird*, dass man sein augenblickliches Leben gar nicht mehr genießen kann.

ॐ

Kein Leben ist perfekt.
Statt sich Dinge zu wünschen,
die Sie nicht haben,
machen Sie das Beste aus dem,
was bereits da ist.

ॐ

Tag für Tag werden wir mit Werbung bombardiert, die uns weismachen will, dass das, was wir haben, nicht reicht und unser Leben irgendwie mangelhaft ist. Zugleich legen uns unsere Gesellschaft und Kultur auf eine ganz bestimmte Art von Leben fest. Als Kindern liest man uns Märchen vor und erzählt uns, dass uns ein Prinz erwählen wird (oder wir eine Prinzessin retten werden); Anzeigen suggerieren uns von klein auf, dass wir unbedingt ein prachtvolles Schloss kaufen müssen, ein nagelneues Auto in der Einfahrt stehen sollte, wir 2,2 Kinder, eine Katze und einen Hund brauchen, weil wir sonst beim besten Willen nicht glücklich bis an unser Lebensende sein können. Diese Geschichten mögen ja für Kinder zum Einschlafen taugen, aber wenn man erwachsen ist, man muss doch diesen Blödsinn, egal, ob er von den Gebrüdern Grimm oder aus der Werbung stammt, nicht mehr glauben.

Samantha hatte einen interessanten Job, ein schönes Zuhause und wunderbare Freunde. Das Einzige, was ihr zu ihrem Glück fehlte, war ein Baby. Bis zu diesem Moment hatte Samantha sich alles, was sie sich wünschte, kaufen können, doch in diesem Fall war das keine echte Option, und der Wunsch nach dem, was ihr im Leben *fehlte*, fraß sie langsam, aber sicher auf. Das Leben ihrer Freunde mit Kindern betrachtete sie als perfekt, ihr eigenes als äußerst mangelhaft. Sie beneidete die anderen zutiefst und war wütend, dass ihr Leben nicht genauso aussah.

Trotzdem vergötterte Samantha die Kinder ihrer Freunde, und sie ergriff sofort die Gelegenheit, eines von ihnen eine Woche lang zu hüten, während dessen Mutter wegen der Geburt ihres zweiten Kindes im Krankenhaus lag. Nach dieser Woche war Samantha mit den Nerven am Ende. Sie hatte sich völlig in eine romantische Vorstellung der Elternschaft verstiegen – bedingungslose Liebe und nicht enden wollende Freude – und die damit einhergehenden undankbaren Aufgaben weitgehend ausgeblendet.

Schon diese kurze Zeitspanne hatte Samantha die Augen geöffnet, was es tatsächlich bedeutete, ein Kind zu haben, und dass das Leben ihrer Freunde so perfekt doch nicht war. Sie alle waren ständig müde und gestresst vom Versuch, die Anforderungen des Jobs und der Kindererziehung unter einen Hut zu bringen. Ihnen fehlten ein beträchtlicher Anteil ihres Einkommens, Flexibilität und Freiheit. Endlich glaubte Samantha ihnen, wenn sie ihr gestanden, dass sie bei aller Liebe zu ihren Kindern Samantha ganz schön um ihr spaßorientiertes Leben beneideten.

Samantha wollte nach wie vor unbedingt ein Kind und idealerweise den passenden Partner und Vater, aber ihr war klargeworden, dass ihr Leben gar so schlecht nicht war. Da sie nicht wusste, was die Zukunft bereithielt, beschloss sie, die Gegenwart zu genießen und möglichst viel Spaß in ihrem sorgenfreien Singledasein zu haben, solange das ging.

Ehrgeiz kann ein wunderbarer Motivator sein, er sollte jedoch nicht so weit führen, dass man ständig nur über das nachdenkt, was man noch nicht hat, und deswegen unzufrieden ist. Wenn man in diese Falle tappt, verpasst man viele Gelegenheiten, sein Leben so zu genießen, wie es ist. Vielleicht möchten Sie Ihr Haus ausbauen oder in ein neues umziehen, neue Schuhe kaufen oder die Schwangerschaftspfunde loswerden, befördert werden oder eine Familie gründen. Vielleicht bekommen Sie all das in der Zukunft und bereichert es Ihr Leben – aber wenn Sie zulassen, dass das momentane Nichtvorhandensein dieser Dinge Ihr Glück beeinträchtigt, verschwenden Sie nur Ihre Zeit.

&

Streben Sie ruhig nach einem besseren Leben,
aber lassen Sie sich dadurch
nicht davon abhalten,
Ihr jetziges zu genießen.

&

Der **Dritte Schlüssel zum Glück** besteht darin, das Leben so zu genießen, wie es jetzt ist. Beschließen Sie, jeden einzelnen Moment in seiner Einzigartigkeit auszukosten. Klammern Sie sich nicht an Vergangenes, beklagen Sie es nicht, und machen Sie Zukünftiges nicht zur Voraussetzung Ihrer Zufriedenheit. Wenden Sie das *Prinzip Präsenz* an: Denken Sie immer daran, dass die Dinge so sind, wie sie sind. **Leben Sie im Jetzt** – schätzen Sie jeden Moment für die Erfahrungen, die er Ihnen beschert.

Das Beste erwarten
Das Prinzip Optimismus

Was erwarten Sie vom Tag, wenn Sie morgens aufwachen? Springen Sie voller Begeisterung aus dem Bett, oder vergraben Sie den Kopf im Kissen und denken: »O nein, nicht schon wieder!?« Wie sich Ihr Tag entwickelt, hängt von der Energie ab, mit der Sie ihn beginnen. Gut, aus dem Bett zu springen ist kein Muss (ich zum Beispiel bin ein Morgenmuffel), aber nur wenn Sie dem Tag, der vor Ihnen liegt, optimistisch entgegensehen, werden Sie mit schöner Regelmäßigkeit Tage erleben, die Ihnen Glück und Zufriedenheit bescheren.

Die Erwartungen, die Sie an Ihr Leben haben, bestimmen die Erfahrungen, die Sie in Ihrem Leben machen. Wenn Sie davon ausgehen, dass Ihr Tag schön wird, dann wird das wahrscheinlich auch eintreffen, und das Gleiche gilt für Ihr ganzes Leben. Optimismus oder positive Erwartungen gehören zu den wichtigsten Faktoren für anhaltendes Glück.

Wenn Sie nicht hellsehen können, wissen Sie zu Beginn des Tages nicht, wie er sich entwickeln wird. Er könnte großartig werden und Sie in Begeisterung und Entzücken versetzen. Er könnte auch schrecklich werden, alles könnte komplett schieflaufen. Oder er könnte, wie die meisten Tage, einfach nur ganz okay sein. Vielleicht nicht perfekt, aber im Großen und Ganzen völlig in Ordnung – warum also sollte man von irgendeinem Tag weniger erwarten?

꙳

Ihre Erwartungen bestimmen Ihre Erfahrungen.
Erwarten Sie vom Leben das Beste,
und Sie werden es in der Regel bekommen.

꙳

Wenn Sie glücklich sein wollen, müssen Sie es sich abgewöhnen, immer mit dem Schlimmsten zu rechnen und sich die ganze Zeit Sorgen zu machen, ob es tatsächlich eintrifft. Oder um es mit den Worten der *Chicago-Tribune*-Journalistin Mary Schmich auszudrücken, die Baz Luhrmann später in seinem Lied »Everybody's Free (To Wear Sunscreen)« verwendete: »Machen Sie sich keine Sorgen über die Zukunft. Oder machen Sie sich welche, aber bedenken Sie, dass das ungefähr so erfolgversprechend ist, wie durch Kaugummikauen eine Algebra-Aufgabe lösen zu wollen.« Das mag wie ein sehr simpler Ratschlag klingen, aber mir begegnen immer wieder Menschen, die so viel Zeit darauf verwenden, sich Sorgen zu machen, was passieren *könnte*, dass ihnen die Kraft fehlt, sich über das zu freuen, was *tatsächlich* passiert.

Sich zu sorgen ist reine Zeit- und Energieverschwendung. Es hat keinerlei positive Auswirkungen auf das Resultat und ist eine unproduktive Verhaltensweise, die man sich unbedingt abgewöhnen sollte. Vielleicht sind Sie der

Ansicht, dass Sie keine andere Wahl haben, weil Sie so veranlagt sind oder weil Ihre Lebensumstände unaufhörliche Sorgen und Bestürzung rechtfertigen. Doch selbst wenn Ihre Situation tatsächlich schwierig ist, wären Sie besser dran, wenn Sie die Energie, die Sie üblicherweise darauf verwenden, sich zu sorgen, in das Nachdenken darüber investieren, was Sie an Ihrer Situation ändern könnten.

Sich Sorgen zu machen
ändert rein gar nichts.
Richten Sie Ihre Energie lieber
auf das gewünschte Ergebnis
und unternehmen Sie dann alles,
um es herbeizuführen.

Was Ihnen Sorgen bereitet, fällt in der Regel in eine von zwei Kategorien: Dinge, die Sie beeinflussen können, und Dinge, die Sie nicht beeinflussen können, so gern Sie es auch würden. Verwenden Sie Ihre Kraft auf das, was zu beeinflussen ist, und akzeptieren Sie den Rest.

Mit einer optimistischen Lebenseinstellung wird es Ihnen viel leichter fallen, sich keine Sorgen zu machen. Wenn Sie ein positives Resultat erwarten, werden Sie, statt sich Gedanken zu machen, was schieflaufen könnte, einfach voraussetzen, dass alles gut wird.

Jason stand in seiner Karriere an einem Scheideweg.

Kürzlich hatte ihn ein Headhunter kontaktiert mit dem Angebot, bei einer Konkurrenzfirma eine neue Abteilung aufzubauen – eine vielversprechende Möglichkeit. Obwohl Jason in seinem aktuellen Job nicht unglücklich war, reizte ihn die Herausforderung durchaus. Andererseits schätzte er den Status und die Anerkennung, die er bei seinem jetzigen Arbeitgeber genoss, sehr. Er galt als einer der besten Verkäufer der Firma und befürchtete, diesen hochverdienten Ruf zu verlieren und wieder ganz von vorn anfangen zu müssen.

Als Jason und ich über seine Karriereoptionen sprachen, wurde schnell klar, dass die Veränderung seines Status nicht seine einzige Furcht war. Er machte sich auch Sorgen darüber, ob er seine neuen Kollegen mögen würde und sie ihn, ob er die Zielvorgaben erreichen würde und ob er mit den Mitarbeitern seines Teams klarkommen würde. Und er befürchtete, dass er am Ende der Probezeit gefeuert werden würde, falls er keinen Erfolg vorweisen konnte, und dass er, wenn er erfolgreich wäre, sehr viel und lange arbeiten müsste. Es gab wirklich kaum etwas, worüber Jason sich keine Sorgen machte, und wenn er weiterhin mit aller Kraft das Schlimmste erwartete, dann würde es vielleicht auch eintreten.

Ich stellte also Jasons Befürchtungen und ebenso die Wahrscheinlichkeit ihres Eintreffens in Frage. Er musste daraufhin zugeben, dass er normalerweise mit Kollegen immer gut zurechtkam, dass die Ziele, die die neue Firma vorgab, nicht unrealistisch waren, und dass er zwar neu in der Firma sein würde, aber alles andere als ganz unten anfangen musste, schließlich eilte ihm sein guter Ruf voraus – der Headhunter hatte ihn ja in erster Linie deshalb kontaktiert.

Jason wurde klar, dass seine Befürchtungen reine Energieverschwendung waren und dass es, obwohl mit der neuen Stelle ein paar Risiken verbunden waren, viel wahrscheinlicher war, dass er dort Erfolg haben würde. Er hatte Herausforderungen in der Vergangenheit erfolgreich gemeistert, weswegen es keinen vernünftigen Grund für die Annahme gab, dass es in der neuen Firma anders sein sollte. Deshalb beschloss er, seine Energie auf die positive Erwartung zu richten, dass sein neuer Job toll sein würde.

Wenn Sie mit der Erwartung durchs Leben gehen, dass Ihnen nur Gutes widerfahren wird, wird Ihnen das ein Lächeln auf die Lippen zaubern und Ihren Schritten Schwung verleihen. Sie werden immer Energie im Überfluss haben, weil Sie sie nicht länger darauf verschwenden, sich Sorgen zu machen, und daher genug Kraft für die Lösung Ihrer Probleme, wenn blöderweise einmal etwas nicht nach Plan laufen sollte.

Selbst wenn einmal Dinge fehlschlagen, hat das meist keine langfristigen Auswirkungen auf Ihr Leben. Vielleicht haben Sie eine Prüfung vermasselt, wurden bei einer Verabredung versetzt oder bei einer Beförderung übergangen. All das mag im jeweiligen Augenblick sehr ärgerlich sein, als Optimist können Sie aber besser damit fertigwerden, weil Ihnen klar ist, welch geringe Rolle solche Enttäuschungen langfristig im Leben spielen.

Das meiste, was im Leben schiefgeht,
hat keine langfristigen Auswirkungen.
Bedenken Sie immer:
Was in zehn Jahren keine Rolle mehr spielt,
ist auch heute nicht so wichtig.

Als optimistischer Mensch richten Sie Ihr Augenmerk auf Ihre *Absicht*, auf das Resultat, das Sie erzielen möchten, und nehmen so mit viel höherer Wahrscheinlichkeit die Chancen wahr, Ihr Vorhaben zu realisieren. Sie kennen wahrscheinlich die Redensart »Das Glück ist mit den Tüchtigen« – was für die Tüchtigen gilt, gilt auch für Optimisten. Je optimistischer Sie sind, desto mehr Glück werden Sie haben. Winston Churchill hat es so formuliert: »Der Pessimist sieht die Schwierigkeit in jeder Gelegenheit. Der Optimist sieht in jeder Schwierigkeit die Gelegenheit.«

Wenn Sie in der Welt überall positives Potential wittern, ist es wahrscheinlicher, dass Sie erkennen, wie es Ihnen persönlich zugutekommen könnte. Sie werden dann angesichts einer Chance nicht denken: »Schön und gut, aber für mich wird das nicht funktionieren«, vielmehr werden Sie genau diese Chance nutzen.

Erkennen Sie in allem das positive Potential.
Richten Sie Ihr Augenmerk
auf Ihre Absichten
und lassen Sie dieses Potential
in Ihrem Leben Wirklichkeit werden.

Wenn Sie positive Erwartungen hegen, ist die Wahrscheinlichkeit größer, dass Sie eine Chance ergreifen oder einen Versuch wagen. Warum sollten Sie sich nicht für diesen neuen Job bewerben, warum nicht Ihre neue Idee vorschlagen, warum nicht diese interessante Frau fragen, ob sie mit Ihnen ausgeht, warum denn kein Angebot für Ihr Traumhaus abgeben? Ja, eben, warum denn nicht?

Aus dem gleichen Grund schaffen sich Optimisten gern Möglichkeiten. Die Journalistin Melanie verfasste Produktbeschreibungen für die Kundenzeitschrift eines Supermarkts. Eigentlich war sie eine exzellente Texterin und hatte sogar einen Abschluss in Kreativem Schreiben. Weil sie aber mitten in der Rezession ihre Ausbildung beendet hatte, wäre sie dankbar für jede erdenkliche Stelle gewesen, weswegen sie den Supermarktjob angenommen hat. Damals war sie fest entschlossen, das nur so lange zu machen, bis sich der Arbeitsmarkt erholt hatte, aber inzwischen waren vier Jahre vergangen, und sie schrieb immer noch über neue Marmeladensorten und wie man eine Schulbrotzeit zusammenstellt. Nicht, dass sie nicht gern über Essen schrieb, doch so wie jetzt war es alles andere als spannend und frustrierte sie mehr und mehr.

Melanie wusste, dass sich etwas ändern musste, aber nicht, was und wie. Sie spielte mit dem Gedanken, für die Kundenzeitschrift Reportagen über die Menschen hinter der Lebensmittelproduktion zu schreiben: die Erzeuger, die Verarbeiter, die Köche und so weiter. Auf den ersten Blick eine ausgezeichnete Idee, doch sobald sich Melanie näher damit beschäftigte, kamen ihr Zweifel. Ihr Redakteur würde es vermutlich nicht genehmigen, die Leute würden sich möglicherweise nicht interviewen lassen, außerdem war sie im Führen von Interviews völlig aus der Übung, so dass sie es ohnehin nicht hinbekäme.

Auf meine Frage, was sie tun würde, wenn garantiert nichts schiefgehen könnte, hatte Melanie eine klare Antwort: Sie wäre gern Food-Autorin bei der *Vogue*. Doch kaum hatte sie das ausgesprochen, fielen ihr sofort alle möglichen Gründe ein, warum das nie und nimmer klappen würde: Warum sollte die *Vogue* jemanden wie sie nehmen, wie sollte sie mit weniger Geld auskommen (die *Vogue* hatte zwar mehr Prestige, zahlte aber schlechter als die Handelsbranche, in der sie momentan tätig war). Und was sollte sie bloß machen, wenn sie einen Artikel einreichte und die ihr sagten, der sei Mist? Würde sie jemals über die Demütigung hinwegkommen oder ihr Leben lang an einer Schreibblockade leiden?

Ich forderte Melanie auf, ihre Überlegungen einen Schritt weiterzutreiben: Wie würde sie es angehen, wenn sie eine hundertprozentige Erfolgsgarantie hätte? Wieder bekam ich eine klare Antwort – sie hatte anscheinend schon sehr gründlich darüber nachgedacht: Sie würde, zunächst auf freiberuflicher Basis, ein Exposé für einen Artikel einreichen und, wenn sie den Auftrag bekäme, den Text abends und an den Wochenenden schreiben. Obwohl dies eine Menge zusätzlicher Arbeit bedeutete, würde sie so lange damit weitermachen, bis sie genug Aufträge bekäme, um ihre aktuelle Stelle zu kündigen.

Wenn man den Fokus weniger auf ein mögliches Scheitern und mehr auf den möglichen Erfolg richtet, hat man eine viel größere Chance, seine Wünsche Wirklichkeit werden zu lassen. Indem Melanie ein positives Resultat in Betracht zu ziehen begann, wurde ihr bewusst, dass das Schlimmste, was passieren konnte, war, dass man ihr Exposé ablehnte und sie keinen Auftrag bekam. Ich schlug ihr vor, diesen möglichen Misserfolg so umzuformulieren: »Das Schlimmste, was passieren kann, ist, dass ich *dieses Mal* keinen Erfolg habe ...«, und die positive Erwartung zu hegen, dass es ein andermal klappen würde.

ಶಿ

Haben Sie keine Angst vor einem Versuch!
Das Schlimmste wäre,
dass er misslingt ... dieses Mal.

ﻼ

In jeder Situation positives Potential zu erkennen ist eine echte Fähigkeit, und auch wenn sie nicht jedem gleichermaßen leichtfällt, kann man sie, wie jede Fähigkeit, erlernen. Sehr viele verschwenden ihre Energie jedoch darauf, in jeder Situation vom Schlimmstmöglichen auszugehen. Wer sich mit den Risiken einer bestimmten Sachlage und den Konsequenzen seines Handelns beschäftigt, bekommt wertvolle Informationen, wie er seine Pläne gestalten sollte, um diese Risiken zu beseitigen oder zu minimieren und die Konsequenzen zum eigenen Vorteil zu nutzen. Wer weiß, was schiefgehen kann, hat es viel leichter, die Dinge in die richtige Richtung zu lenken. Wer sich allerdings ausschließlich auf einen möglichen Fehlschlag konzentriert, beseitigt alle Chancen auf Glück. Optimistisch zu sein bedeutet nicht, blind für die realen Gegebenheiten zu sein. Ein Optimist behauptet nicht, dass niemals irgendetwas Negatives geschehen kann. Ein Optimist sagt nur, dass es viel *wahrscheinlicher* ist, dass etwas Positives passiert.

Natürlich spielt das Leben selbst größten Optimisten manchmal übel mit: Jeder würde Helen als energisch und positiv beschreiben. Sie gehörte zu den Menschen, die ihr Leben absolut im Griff zu haben schienen. Sie liebte ihren Beruf, hatte einen ausgesprochen netten Partner, war fit und gesund und lebte in einer traumhaften Wohnung. Doch dann erreichte sie die erschütternde Nachricht, dass der Vater ihres Lebensgefährten an Krebs im Endstadium erkrankt war und nur noch etwa ein Jahr zu leben hatte.

Optimismus bedeutet nicht, zu glauben,
nichts könne schiefgehen.
Ein Optimist berücksichtigt das,
was schiefgehen kann,
geht aber davon aus, dass die Dinge gut laufen.

❦

Zu dieser Zeit lebten Helen und ihr Lebensgefährte im Ausland. Nach gründlicher Überlegung entschieden sie, mit Sack und Pack vom anderen Ende der Welt nach Hause zurückzukehren, damit ihr Partner mehr Zeit mit seinem Vater verbringen konnte. Typisch Helen, machte sie, kaum hatten sie diese Entscheidung getroffen, Pläne für das kommende Jahr, denn sie wollte der erzwungenen Veränderung etwas Positives abgewinnen: Sie setzte sich das Ziel, in der Abendschule ihren Master zu machen, einen Triathlon zu absolvieren und eine Menge weiterer Ziele für alle möglichen anderen Aspekte ihres Lebens. Sie war fest entschlossen, ihrem Leben in dieser Situation eine positive Wendung zu geben.

Während Helen den Umzug vorbereitete, hatte ich ein paar Wochen keinen Kontakt zu ihr, doch als ich das nächste Mal mit ihr sprach, kam sie mir wie ein völlig anderer Mensch vor. Sie war schrecklich niedergeschlagen und unglücklich. Sie sagte mir, dass sie gar nicht verstünde, warum sie sich so schlecht fühle, wo sie doch so viele schöne Ziele habe, die sie gern erreichen würde. Es sollte doch eine positive Veränderung werden und sie war ein positiver Mensch, was also stimmte nicht?

Optimistisch zu sein und vom Positiven auszugehen bedeutet ja nicht, naiv an die Dinge heranzugehen oder vor einem Problem die Augen zu verschließen. Die Diagnose einer unheilbaren Krankheit, das Ende einer Beziehung oder eine Entlassung: Manches im Leben ist schwer zu verkraften, macht uns traurig, setzt uns unter Druck, stellt uns auf eine harte Probe. Auch Optimisten dürfen sich solche Emotionen zugestehen; ihnen ist jedoch bewusst, dass Traurigkeit, Stress und Ängste in bestimmten Momenten zwar ihre Berechtigung haben, aber eines Tages wieder abklingen werden und das Leben aufs Ganze gesehen ein gutes bleiben wird.

&

Bedenken Sie immer:
So schlecht die Dinge
vielleicht im Augenblick stehen,
dieser Augenblick wird vorübergehen,
und Ihr Leben wird sich
wieder zum Guten wenden.

&

Helen begriff, dass sie die Realität verdrängt hatte: Die Diagnose ihres Schwiegervaters war schrecklich, und ihr Leben umzukrempeln war wirklich das Letzte, was sie vorgehabt hatte. Ihre augenblickliche Lage war traurig und bedrückend, und in ihrem unbedingten Streben nach Po-

sitivität hatte sie sich nicht gestattet, diese Gefühle aus-
zuleben.

Nachdem Helen eingesehen hatte, dass sie sich zu einer
positiven Sichtweise geradezu selbst verdonnert hatte,
ging es ihr viel besser. Sie war aus den erwähnten Gründen nach wie vor traurig, aber weil sie sich nun erlaubte,
dieser Traurigkeit nachzugeben, statt sie in sich hinein-
zufressen, schöpfte sie neue Energie. Sie räumte ein, dass
die Situation im Augenblick wirklich schlimm war, doch
die Optimistin in ihr erkannte, dass sie irgendwann mit
ihrem Leben auch wieder sehr zufrieden sein würde. Sie
würde um ihren Schwiegervater trauern und auch um das
Leben, das sie hatte aufgeben müssen, aber trotz dieser
Veränderungen würde es immer noch ein gutes Leben sein.

Es geht beim Optimismus nicht um zwanghaft positives Denken oder darum, sich ein breites Lächeln abzurin-
gen, wenn man eigentlich heulen möchte. Es geht darum,
trotz der Tränen zu lächeln und sich klarzumachen, dass
auf Regen immer Sonnenschein folgt.

ॐ

Verleugnen Sie nicht Ihre wahren Gefühle,
und versuchen Sie nicht zu lachen,
wenn Ihnen nach Weinen zumute ist.
Weinen Sie, aber lernen Sie,
unter Tränen zu lächeln.

ॐ

Noch einmal: Optimistisch zu sein heißt nicht, dass einem nicht bewusst ist, dass Dinge falsch laufen können. Im Gegensatz zu denen, die sich fortwährend zu positivem Denken zwingen, berücksichtigt der Optimist alle möglichen Konsequenzen einer Entscheidung: die guten, die schlechten und die ganz schlechten. Der Optimist malt sich den Worst Case aus und überprüft, ob er sich zutraut, auch mit dem schlimmstmöglichen Ausgang fertigzuwerden. Sobald er sich mit einem möglichen Fehlschlag auseinandergesetzt hat, kann er sich entspannt zurücklehnen und sich auf ein positives Ergebnis einstellen.

Nicht alle sind gern Optimisten. Ob bewusst oder unbewusst, schwelgen manche geradezu in ihrer negativen Sichtweise: Sie halten die Welt für die Hölle, rechnen immer mit dem Schlimmsten und fühlen sich bestätigt, wenn es eintritt. Wir kennen doch alle jemanden, der jede Idee mit zahllosen Einwänden, warum sie nicht funktionieren kann, zunichtemacht; der einem sämtliche Gründe aufzählt, warum man scheitern wird, bevor man überhaupt angefangen hat; der fest davon überzeugt ist, dass über jedem Silberstreif am Horizont eine dicke schwarze Wolke hängt.

Negative Menschen haben jedes Recht auf ihre Sichtweise, solange sie sie für sich behalten. Doch leider scheint es geradezu ein Hobby dieser Leute zu sein, ihre Meinung mit der ganzen Welt zu teilen. Auch das geht noch, wenn man sie ignorieren kann, schwierig wird es, wenn sie ein fester Bestandteil des eigenen Lebens sind. Wenn ein Verwandter, ein Freund, ein Kollege oder Kunde von Ihnen sich immer nur negativ äußert, müssen Sie dafur sorgen, dass seine Sichtweise nicht auf Ihre abfärbt. Vergessen Sie nicht, dass es allein seine Perspektive ist, und nur weil er leidenschaftlich an seine Überzeugung glaubt, müssen Sie sie nicht zu Ihrer machen. Besser, als sich auf eine Debatte über den richtigen Standpunkt einzulassen, schützen Sie sich vor der Negativität solcher Menschen, indem Sie erst gar nicht mit ihnen diskutieren.

Sie sollten auf Ihr Umfeld achten: Wenn Sie einem negativen Menschen nicht aus dem Weg gehen können, brauchen Sie Abwehrstrategien, damit Sie sich nicht runterziehen lassen. Wenn diese Person ein Freund ist, jemand, den Sie bewusst in Ihr Leben gelassen haben, sollten Sie sich überlegen, warum. Es heißt ja, dass Menschen aus einem bestimmten Grund, für eine bestimmte Phase oder für immer in unser Leben treten. Bei so mancher Freundschaft, die aus einem gemeinsamen Interesse, aus einem Umstand entstand und aufgrund ihrer Geschichte aufrechterhalten wird, ist das Haltbarkeitsdatum irgendwann abgelaufen. Vielleicht waren Sie ja gewillt, über die Negativität eines Kollegen hinwegzusehen, weil er wie Sie neu in der Firma war, oder Sie mussten gute Miene zum bösen Spiel machen, weil der Betreffende ein Freund Ihres oder Ihrer Ex ist. Oder vielleicht saßen Sie schon in der Schule nebeneinander und Ihre Freundschaft gründet allein darauf statt auf gemeinsamen Werten und Ideen. Wenn die Leute, mit denen Sie sich umgeben, Sie ständig runterziehen, ist es wahrscheinlich an der Zeit, Ihren Horizont zu erweitern und sich einen neuen Freundeskreis zu suchen.

Achten Sie auf Ihr Umfeld.
Lassen Sie nicht zu,
dass negative Menschen Ihren Blick trüben.

Das Beste zu erwarten heißt nicht, völlig unrealistische Anforderungen an sich selbst zu stellen. Davon auszugehen, dass einem etwas völlig Neues auf Anhieb gelingt, dass man zehn Kilo in einer Woche abnimmt oder in allerletzter Minute für eine Prüfung paukt und trotzdem die Bestnote bekommt – das kann nur mit Stress und Frust enden. Wer optimistisch ist, stellt sich auf Erfolg ein, nicht auf Scheitern, und sorgt dafür, dass die eigenen Erwartungen positiv, aber nicht übersteigert oder naiv sind.

Es ist auch ein großer Unterschied, ob man positive Erwartungen an sich stellt oder ein Perfektionist ist. Perfektionisten streben immer ein unerreichbares Ziel an und verbringen viel Zeit mit der Trauer darüber, dass sie gescheitert sind. Wer dagegen das Beste von sich erwartet, strebt danach, das Beste zu geben, und weiß, dass das immer genug sein wird.

Perfektion ist unerreichbar.
Das Beste von sich zu erwarten
heißt nicht, perfekt sein zu wollen,
sondern sein Bestes zu geben.

Beim **Vierten Schlüssel zum Glück** geht es um Ihren Blick auf die Zukunft. Fragen Sie sich immer, wenn Sie etwas Neues anfangen: »Wie sind meine Erwartungen?« Um Ihr Ziel zu erreichen, müssen Sie voller Überzeugung vom Positiven ausgehen. Wenden Sie das *Prinzip Optimismus* an, **erwarten Sie das Beste** von sich und vom Leben.

Der Fünfte Schlüssel:
An sich glauben
Das Prinzip Selbstvertrauen

Wenn Sie über Ihr Leben nachdenken, glauben Sie dann, dass Sie glücklich sein *können*, glücklich sein *werden* und glücklich zu sein *verdienen*? Der Glaube an sich selbst, an Ihre Träume und an Ihr Recht, diese Träume zu verfolgen und zu verwirklichen, ist entscheidend für eine erfüllte und sinnvolle Existenz. Sie sollten unerschütterlich überzeugt davon sein, dass es nicht nur eine durch und durch vernünftige Erwartung ist, im Leben das zu bekommen, was Sie haben wollen, sondern dass Sie es auch wirklich verdienen.

Viele Menschen, die vom großen Glück anderer hören, denken: »Mir wird so etwas nie passieren.« Doch warum könnte es nicht auch Ihnen passieren, oder noch wichtiger, warum sollte es nicht?

Glauben Sie an sich, an Ihre Träume
und an Ihr Recht, sie zu verwirklichen.

Einer der bedeutsamsten Faktoren für den individuellen Glückslevel ist Ihr Lebensparadigma: Ihre grundlegende Sicht- oder Denkweise – einfach ausgedrückt, Ihre Sicht darauf, wie die Dinge in Ihrem Leben laufen oder nicht laufen.

Bei den glücklichsten Menschen lautet das Lebensparadigma in etwa so: »Mein Leben wird wunderbar sein. Mir wird immer wieder Gutes widerfahren. In den seltenen Fällen, in denen es nicht nach meinen Vorstellungen läuft oder ich harte Zeiten durchmachen muss, werde ich damit fertigwerden und aus der Erfahrung gestärkt hervorgehen.« Lautet Ihr Lebensparadigma ähnlich, oder müssen Sie vielleicht ein wenig daran feilen? Glauben Sie, dass Sie das Leben mit Leichtigkeit meistern werden, oder gehen Sie davon aus, dass nur ein schweres Leben sinnerfüllt ist oder dass das Leben per se immer hart ist? Sehen Sie sich selbst als einen Menschen, der Glück hat und Liebe verdient, oder erwarten Sie, vom Leben enttäuscht zu werden?

ॐ

Ihr Lebensparadigma
ist Ihr Bündel an Glaubenssätzen,
das Leitbild Ihres Lebens.
Sorgen Sie dafür,
dass es Ihrem lebenslangen Glück
förderlich ist.

ॐ

Anita arbeitete in einer Agentur, die Friseure, Visagisten und Fotografen für Mode-Shootings vermittelt. Auch wenn sie es bei Hochbetrieb unglaublich stressig fand, arbeitete sie sehr gern hinter den Kulissen der Modeindustrie.

Anita und ich sprachen darüber, wie sie den Stress in den Griff bekommen könnte, wenn das Telefon wieder einmal Sturm läutete. Nach ein paar Sitzungen wurde mir allmählich klar, dass Anita ebenso gestresst war, wenn es in der Agentur weniger hoch herging. Sie war gestresst, wenn sie einen Kunden zu einem Einsatz begleitete und wenn sie im Büro blieb; sie war gestresst, wenn sie einen Visagisten empfehlen sollte und wenn ein Kunde schon feste Vorstellungen hatte. Anscheinend stresste sie jeder einzelne Aspekt ihres Jobs.

Obwohl Anita das Konzept des Lebensparadigmas fremd war, gab sie bereitwillig zu, dass sie davon ausging, dass jeder interessante Job mit einer Menge Stress einhergehen musste, und dass sie glaubte, dass alle, die ihren Job nicht stressig fanden, sich nicht genug reinhängten.

Kein Wunder, dass Anita immer gestresst war. Nicht nur, dass sie glaubte, ihr Job *müsse* stressig sein, sie meinte auch, dass, wenn sie ihn nicht stressig fände, sie nicht engagiert genug wäre. Solange sie nichts gegen diese tiefverwurzelte Überzeugung unternahm, konnte kein Stressmanagement der Welt ihr helfen.

Zuerst sträubte sich Anita, denn sie empfand es als ziemlich harten Brocken, diesen langgehegten, tiefsitzenden Glauben aufgeben zu müssen. Wenn Arbeit nicht stressig sein sollte und sie nicht gestresst sein musste, um ihr Engagement zu dokumentieren, wie sonst sollte der

Job sich dann anfühlen, und wie sonst sollte sie beweisen, wie gut und engagiert sie war?

Auch wenn es Ihnen auf den ersten Blick anders vorkommt, Ihr Lebensparadigma können Sie selbst wählen. Vielleicht operieren Sie anfangs noch mit einem, das Sie von Ihren Eltern oder durch andere Einflüsse übernommen haben, aber als intelligentem Erwachsenen steht es Ihnen vollkommen frei, sich Ihr eigenes Leitbild *auszusuchen*. Und weil Sie wählen können, können Sie auch beschließen zu glauben, dass Ihr Leben wunderbar sein wird; und wenn es vorübergehend nicht so aussieht, handelt es sich nur um ein paar Schlaglöcher auf der Straße zu wahrer Zufriedenheit und echtem Glück.

Anita rang sich durch, es mit einem neuen Lebensparadigma zu versuchen: nämlich davon auszugehen, dass der Job ihr enormen Spaß machte, ihr Einsatz immer honoriert und ihr Engagement anerkannt wurde. Nach ein paar Wochen »Probelauf« mit ihren neuen Glaubenssätzen erkannte sie, welchen Einfluss diese auf ihr Wohlbefinden hatten. Nachdem ihr klargeworden war, dass Stress kein Bestandteil ihrer Jobbeschreibung war und sie sich deshalb auch nicht gestresst fühlen musste, fiel es ihr leicht, sich von einem großen Teil des Drucks zu verabschieden.

Solange Sie sich kein Lebensparadigma zulegen, das Ihr dauerhaftes Glück fördert, wird es Ihnen immer schwerfallen, Glück zu empfinden. Wenn Sie damit rechnen, dass alles immer sehr schwierig ist, dann werden Sie es in der Regel auch so wahrnehmen. Wenn Sie dagegen davon ausgehen, dass Sie die gelegentlichen Probleme im Leben gut bewältigen können, dann wird genau das der Fall sein.

Anita macht ihre Arbeit nach wie vor sehr gern, und wenn sie jetzt davon spricht, klingt es nicht mehr nach Stress und Erschöpfung, sondern nach der Freude und Begeisterung eines Menschen, der weiß, was für ein Privileg es ist, einen Job zu haben, den man wirklich liebt.

ॐ

Ihr Selbstwertgefühl
ist eine wertvolle Ressource.
Achten Sie darauf,
es beständig zu fördern und
zu unterstützen.

ॐ

Was immer Sie im Leben erreichen wollen, von Ihren kleinsten bis zu Ihren kühnsten Zielen, immer sind Sie die erste Person, die daran glauben muss. Und um an Ihre Ziele zu glauben, müssen Sie zuallererst an sich selbst glauben.

Eine gesunde Portion Selbstvertrauen ist ein grundlegender Bestandteil lebenslangen Glücks. Dieses Vertrauen trägt dazu bei, dass Sie Ihre Ziele, Träume, Ideen als etwas wahrnehmen, das Sie verwirklichen können. So wie wir unseren Körper mit vollwertigen Nahrungsmitteln und Sport stärken müssen, sollten wir auch unseren Glauben an uns selbst kontinuierlich nähren und fördern, damit er wachsen kann. Heute sind die meisten Eltern klug genug zu wissen, dass die Entwicklung des Selbstwertgefühls ihrer Kinder erste Priorität hat, aber das war leider nicht immer so. Bis vor nicht allzu langer Zeit verschwendeten die Durchschnittseltern darauf keinen Gedanken. Doch selbst wenn Ihre Eltern nach einem Motto wie »Wer sein Kind liebt, züchtigt es« oder »Kinder haben in Gegenwart Erwachsener den Mund zu halten« verfuhren, oder, was noch schlimmer ist, wenn ihnen eigene schlechte Erfahrungen es unmöglich machten, Ihnen positive zu vermitteln – den Glauben an sich selbst können Sie auch jetzt noch entwickeln.

Dabei ist es besonders hilfreich, einmal Ihren Selbstgesprächen und inneren Monologen zu lauschen: Wie reden Sie mit sich? Sind Sie Ihr größter Fan oder Ihr schärfster Kritiker? Feuern Sie sich unermüdlich an, egal, ob Sie auf der Siegerstraße sind oder nicht – oder machen Sie sich sofort nieder, wenn mal etwas nicht nach Plan läuft?

*Egal, wie Sie erzogen wurden
oder welche Schlüsselerlebnisse Sie hatten:
Es ist nie zu spät,
um an sich selbst zu glauben.*

Kürzlich war ich mit meiner Tochter im Park. Kinder großzuziehen ist für mich ein wundervolles Privileg. Ich bin mir an jedem einzelnen Tag bewusst, welch ein Segen meine Tochter für mein Leben ist, und so können Sie sich vorstellen, wie mich die folgende Szene schockiert hat: Zuerst habe ich überhaupt nicht kapiert, was vor sich ging. Ich hörte ein Kind wimmern, als täte ihm etwas weh oder als habe es Angst. Dann hörte ich eine Frau rufen: »Jetzt mach nicht so ein Theater, was bist du denn für ein Angsthase? Natürlich kommst du von dem Baum wieder runter, du bist doch auch hochgeklettert!« Ich sah nach oben, und dort saß ein Junge im Baum – gar nicht so hoch, aber er war erst sechs oder sieben Jahre alt und der Abstand zum Boden entsprach mehr als dem Doppelten seiner Körpergröße. Da ich selbst mit Höhe nicht gerade gut zurechtkomme, konnte ich sein Zaudern sehr gut nachvollziehen.

Die Mutter wurde immer lauter, hielt ihrem Sohn vor, dass er sich nur anstelle und wie dumm es sei, so ängstlich zu sein, dass alle seine Freunde das könnten und ihn sicher auslachen würden. Das ging so weiter, bis der Junge zu schluchzen anfing, und ich fühlte mich immer unwohler angesichts der Situation. Irgendwann griff eine Freundin der Mutter ein, sagte, es reiche jetzt, und half dem Jungen vom Baum herunter. Selbst Nichteltern können sofort nachvollziehen, wie destruktiv sich ein solches Verhalten einer Mutter auf das Selbstwertgefühl eines Kindes auswirkt. Man kann sich leicht vorstellen, wie klein und wertlos sich der Junge fühlte, als ihm vom Baum heruntergeholfen wurde.

»Mach nicht so ein Theater, ich glaub einfach nicht, dass du das nicht hinkriegst, alle werden dich auslachen, du machst dich ja lächerlich ...« Jeder weiß, dass man so nicht mit einem Kind kommuniziert – aber wie oft ertappen wir uns dabei, dass wir mit uns selbst so reden? Wie oft kritisieren wir unser eigenes Vorgehen, verurteilen uns, weil uns etwas nicht im ersten Anlauf gelingt, oder bescheinigen uns, ein Idiot zu sein? Im Umgang mit Kindern sind wir die Hüter ihres Selbstwertgefühls. Als Erwachsene müssen wir unseres selbst hüten.

ॐ

Achten Sie auf Ihre Selbstgespräche.
Seien Sie zu sich selbst nie strenger
oder unfreundlicher
als zu einem kleinen Kind.

ॐ

Die Mutter des kleinen Jungen hätte etwas in der Richtung sagen sollen: »Ich weiß, dass du Angst hast, aber ich glaube, dass du das hinkriegst. Atme tief durch und versuch einfach, mutig zu sein. Ich stell mich hier unten hin und fang dich auf, falls du runterfällst. Ich glaube an dich, ich glaube, dass du das kannst.«

Und genau so sollten Sie mit sich selbst reden: in einem ermutigenden und fürsorglichen Ton, der Ihnen Zuversicht und Selbstvertrauen vermittelt.

Wenn der kleine Junge trotz der Ermutigung seiner

Mutter entschieden hätte, heute nicht mutig zu sein, hätte sie ihm sagen können: »Das macht nichts, es klappt nicht immer alles gleich beim ersten Versuch. Kein Problem, wir kommen morgen wieder, und dann probierst du es noch einmal.« Wann waren Sie zuletzt so nett zu sich selbst, wenn Ihnen etwas nicht auf Anhieb gelungen ist? Ihren Glauben an sich müssen Sie fördern, schützen und unterstützen.

Die glücklichsten und erfolgreichsten Menschen glauben bedingungslos an sich selbst. Sie sind überzeugt, dass sie alles sein, tun und haben können, was sie wollen.

Die glücklichsten Menschen ermutigen und unterstützen sich selbst dabei, das zu werden, das zu tun oder das zu bekommen, was sie wollen ... und zwar ohne dass ein gestrenger Wächter sie antreiben muss!

Natürlich fühlt man sich gut, wenn ein anderer einem sagt, wie toll man ist. Aber wenn Ihr Glaube an sich und Ihr Selbstwertgefühl davon abhängen, dass andere Leute an Sie glauben, dann können Sie nicht erwarten, sich auch dann gut zu fühlen, wenn die Bestätigung einmal ausbleibt.

Das größte Geschenk, das Sie sich machen können, ist Selbstvertrauen, und die Betonung liegt dabei genauso auf »selbst« wie auf »vertrauen«. Sie können nicht damit rechnen, dass alles im Leben immer so läuft, wie Sie es sich vorstellen: Sie könnten Ihren Traumjob nicht bekommen, von jemandem sitzengelassen werden, den Sie liebten, einen sicher geglaubten Sieg verpassen. Sie könnten zu einer Veranstaltung nicht eingeladen werden, auf die Sie unbedingt gehen wollten, oder von der Bank einen Kredit nicht bewilligt bekommen, den Sie für Ihre Geschäftsidee brauchen. Was in Ihrem Leben auch geschieht, Sie dürfen nicht zulassen, dass Ihr Selbstvertrauen darunter leidet. Wenn Ihr Selbstwertgefühl von der Bestätigung oder der Zustimmung anderer abhängt, wird es jedes Mal, wenn etwas nicht nach Ihren Vorstellungen läuft, beschädigt. Wenn Sie allerdings bedingungslos an sich glauben, ist Ihr Selbstwertgefühl unabhängig von Fremdmeinungen, und es wird Ihnen egal sein, was andere sagen oder denken. Nur weil Sie einen Job nicht bekommen haben oder sich mit einem Projektvorschlag nicht durchsetzen konnten, heißt das nicht, dass Ihre Ideen nicht dennoch ein großes Potential hätten. Wenn Ihre Beziehung überraschend in die Brüche geht, heißt das noch lange nicht, dass Sie keine gute Partie sind; und wenn jemand Sie nicht einlädt, verpasst der was und nicht Sie.

≥∙

Machen Sie Ihren Glauben an sich
nicht von anderen abhängig.
Sorgen Sie dafür, dass er sich selbst trägt.

∙≤

Winston Churchill hat einmal gesagt: »Erfolg ist die Fähigkeit, zwischen einer Niederlage und der nächsten die Begeisterung nicht zu verlieren.« Wenn Ihr Selbstvertrauen autark ist, dann hängt es nicht von den Launen anderer ab. Je robuster Ihr Selbstwertgefühl, desto besser werden Sie mit Höhen und Tiefen, mit Rückschlägen und Schlappen auf Ihrem Weg zurechtkommen, weil Sie darauf vertrauen, dass Ihr Glück von nichts und niemandem abhängt außer von Ihnen selbst.

Manchmal sind es gerade die Menschen, die wir lieben, die nicht genauso fest an unsere Ziele und Träume glauben wie wir selbst. Das liegt nicht daran, dass sie uns weniger lieben, vielmehr kommen ihnen ihre eigenen Ziele, Hoffnungen, Träume, ihre eigenen Ängste, Selbstzweifel und limitierenden Glaubenssätze in die Quere: die beste Freundin, die nicht will, dass Sie ins Ausland ziehen, weil sie Sie vermissen wird; der Lebensgefährte, der Sie davon abbringen will, den neuen Job anzunehmen, weil er weiß, dass Sie dann mehr verdienen als er; der Ehemann, der fürchtet, Ihre neuen Pläne werden ihm seine Zeit mit Ihnen stehlen.

Wenn Sie an sich glauben,
kommen Sie mit Kritik,
Rückschlägen und Enttäuschungen
viel besser zurecht.

Peter ist der ehrgeizigste und fleißigste Mensch, den ich kenne. Während er sein Unternehmen kontinuierlich ausbaute, achtete er zugleich darauf, dass seine Werte nicht darunter litten. Neben seinem beruflichen Engagement war er fest entschlossen, fit und gesund zu bleiben sowie ein guter Ehemann und liebevoller Vater für seine beiden Töchter zu sein.

Obwohl Peters Firma sich immer besser entwickelte, wollte er auf keinen Fall auf die ihm so wichtige Zeit mit seinen Töchtern verzichten. Er ging jeden Abend rechtzeitig vom Büro nach Hause, um ihnen eine Gutenachtgeschichte vorlesen zu können. Nach einem schnellen Abendessen mit seiner Frau setzte er sich gleich an seinen Computer und arbeitete wieder bis spät in die Nacht – was seine Frau nicht gut fand, aber sie sah ein, dass es für seine Arbeit nötig war.

Peters Firma war gemessen an der Zahl der Mitarbeiter klein, dennoch konnte sie mit viel größeren Unternehmen konkurrieren, und so bot sich die Möglichkeit, in den umkämpften amerikanischen Markt einzusteigen. Wenn Peter dort Erfolg hätte, würde er in einer ganz anderen Liga spielen und könnte der Familie enormen Wohlstand und einen höheren Lebensstandard bieten: Privatschulen für die Kinder, regelmäßige Urlaube im Ausland, ein größeres Haus, einen tolleren Wagen – all das wäre möglich.

Peter ging davon aus, dass seine Frau begeistert wäre, aber zu seiner Enttäuschung hegte sie gemischte Gefühle. Am Anfang reagierte sie erfreut, doch als seine Pläne konkreter wurden, schien sie immer skeptischer zu werden, ob Peters Firma in einem so heiß umkämpften Markt wie dem amerikanischen bestehen könne und ob die finanziellen Risiken, die mit der Expansion einhergingen, sich lohnten. Die Spannungen zwischen den beiden wuchsen, und er verstand einfach nicht, was er falsch machte. Er hatte eigentlich erwartet, in seiner Frau seine größte Unterstützerin zu finden.

Wenn entfernte Bekannte oder Menschen, die uns nicht wichtig sind, unsere Ideen in Frage stellen, ist es leicht, diese Bedenken vom Tisch zu wischen und uns zu sagen, dass es egal ist, was sie sagen oder denken – eben weil sie für uns keine Rolle spielen. Wenn ein geliebter Mensch unsere Ziele nicht unterstützen kann, wird es deutlich schwieriger, zu verhindern, dass dessen mangelnder Glaube unseren eigenen Glauben an die Sache beeinträchtigt.

Anfangs war es Peter unbegreiflich, was seine Frau gegen die Richtung haben könnte, die er mit seinem Unternehmen einschlug, aber nach und nach begann er die Angelegenheit aus der Perspektive seiner Frau zu sehen und ihre gemischten Gefühle zu verstehen. Sie würden eine weitere Hypothek auf ihr Haus aufnehmen müssen, um die Expansionspläne zu finanzieren, was der Familie finanziell gefährlich werden könnte. Wenn er nach Amerika expandierte, würde er öfter reisen müssen und viel weniger Zeit mit seinen Töchtern verbringen können. Er begriff, dass die sichtbaren Symbole des Erfolgs, das Auto, das Haus, die Privatschule und so weiter, für seine

Frau nie mehr gewesen waren als ein flüchtiger Wunschtraum. Erschwerend kam hinzu, dass seine Frau ihr eigenes kleines Geschäft aufgegeben hatte, als die Töchter geboren wurden, weil es nicht genug Gewinn abwarf, als dass sich der weitere Betrieb rentiert hätte.

Wenn ein anderer nicht an Sie oder
Ihre Träume glaubt,
ist das seine Sache, nicht Ihre.

Peter begann zu begreifen, dass die negative Einstellung seiner Frau gar nichts mit mangelndem Glauben an ihn oder sein Geschäft zu tun hatte, sondern vielmehr mit ihrem Bedürfnis nach Sicherheit, ihrem Wunsch, ihn um sich zu haben, und einem Gefühl des Versagens, was ihr eigenes Geschäft betraf. Ihm wurde klar, dass er bei seiner Frau noch eine Menge Überzeugungsarbeit leisten musste, aber auch, dass es keinen Grund gab, an sich zu zweifeln, nur weil der Mensch, den er am meisten liebte, nicht die gleiche Begeisterung für seine Pläne aufbringen konnte wie er selbst.

Wenn Sie an sich glauben, ist alles möglich. In George Bernard Shaws Theaterstück »Zurück zu Methusalem« heißt es: »Du siehst Dinge und fragst: ›Warum?‹ Aber ich träume von Dingen, die es nie gegeben hat, und sage: ›Warum nicht?‹« Mit einem starken Glauben an sich wird das auch Ihnen gelingen: zu all Ihren Hoffnungen, Träumen und Ideen »Warum nicht?« zu sagen.

Es ist schwer, unglücklich zu sein, wenn man im Leben überall Chancen sieht. Je mehr Sie an sich glauben, desto eher werden Sie deren Potential erkennen und desto wahrscheinlicher werden Sie es ausschöpfen können.

Wenn Sie anstreben, das Beste aus sich zu machen, dann sind die Unterstützung und der Schutz Ihres Selbstwertgefühls wichtige Voraussetzungen, damit Sie sich sagen können: »Ich habe mein Bestes getan, und mein Bestes war gut genug.« Wenn Sie bedingungslos an sich glauben, werden Sie Ihre Vorhaben mit Stärke und Zuversicht angehen und sowohl bei Erfolg als auch bei Misserfolg mit sich zufrieden sein.

Wenn Sie an sich glauben,
ist alles möglich.

Der **Fünfte Schlüssel zum Glück** besteht darin, sich selbst wertzuschätzen. Halten Sie sich an das *Prinzip Selbstvertrauen*. Machen Sie sich selbst nicht kleiner, untergraben Sie nicht Ihren Glauben an sich – bereichern Sie lieber Ihren inneren Monolog mit neuen motivierenden Botschaften. **Glauben Sie an sich**, und Ihr Selbstvertrauen wird wachsen.

Den Weg freimachen
Das Prinzip Zulassen

Viele Menschen haben eine Vorstellung davon, was sie tun und wer sie sein wollen. Wenn sie da noch nicht angekommen sind, liegt es hauptsächlich daran, dass sie sich in irgendeiner Hinsicht selbst im Weg stehen.

Das Leben hält ja vielerlei Ausreden bereit, aber der verbreitetste Grund, warum Menschen nicht das haben, was sie wollen, ist, dass sie selbst es einfach nicht zugelassen haben. Beruflicher Erfolg, Erfüllung in der Liebe, Gesundheit, Wohlstand oder Glück: Wenn Ihnen etwas fehlt, liegt das in der Regel daran, dass Sie sich an einem bestimmten Punkt bewusst oder unbewusst daran gehindert haben, Ihren Wunsch zu erfüllen.

ैं

»Wie stehe ich mir selbst im Weg?«
ist eine der aufschlussreichsten Fragen,
die Sie sich stellen können.
Sobald Sie die Antwort kennen,
können Sie den Weg freimachen.

ैं

Es kann daran liegen, dass Ihre Glaubenssätze Sie einschränken, dass Sie sich selbst sabotieren oder es einfach nicht versuchen, weil Sie nicht glauben, dass Sie das Leben, das Sie sich wünschen, tatsächlich haben können. Wenn Sie das Beste aus sich machen wollen, ist der erste und wichtigste Schritt, es zuzulassen.

Wenn Sie nicht ernsthaft daran glauben, dass Sie Glück verdient haben, oder Sie sich ab einem bestimmten Punkt daran hindern, wirklich glücklich zu *sein*, dann wird jedes Glücksempfinden flüchtig und von kurzer Dauer sein. Sie werden es nur an der Oberfläche spüren, nicht als Quelle tiefer und dauerhafter Befriedigung. Wenn Sie einmal beschlossen haben, glücklich zu sein, dann müssen Sie auch den Weg freimachen und alles Menschenmögliche unternehmen, um diesen Zustand in Ihrem Leben auf-rechtzuerhalten.

გ✣

Glück ist kein Privileg von Einzelnen.
Jeder hat es verdient, glücklich zu sein.

✣ც

Glück ist kein Privileg. Ein Leben, in dem man alles hat, was einem wichtig ist, hat jeder verdient. Nur leider war-ten sehr viele Leute darauf, dass es ihnen einfach wider-fährt oder ein anderer es ihnen verschafft. Entweder sie glauben, dass sie zufrieden sein werden, wenn sie dies oder jenes tun oder haben, oder dass die Begegnung mit Mr. oder Mrs. Right ihnen ein glückliches Dasein garan-tieren wird. Doch Glück ist ein Zustand, der von innen kommt, nicht die Folge von etwas, was man hat oder tut, und Sie werden es nicht durch etwas anderes oder einen anderen bekommen.

Daran muss man immer wieder erinnert werden. Ich jedenfalls brauchte so einen Denkanstoß in einer Zeit, als mein Leben »auf dem Papier« gut aussah. Unbewusst war ich von mir selbst enttäuscht und bewusst hatte ich Schuldgefühle, weil ich mit meinem »Schicksal« nicht zufrieden war. Ich hatte einen beeindruckenden Job, und mein Freund war ein sehr anständiger Kerl. Lange Zeit hatte ich keine Ahnung, was eigentlich nicht mit mir stimmte. Warum konnte ich nicht zufrieden sein mit dem, was ich hatte – so wie andere Leute an meiner Stelle? War ich undankbar, weil ich mein Leben nicht richtig zu schätzen wusste?

In Wahrheit war ich nicht undankbar. Sondern unbefriedigt, unerfüllt, unglücklich. Doch bevor ich diesen Zustand ändern konnte, musste ich mir erst selbst eingestehen, dass er nicht in Ordnung war, und ich musste mir erlauben, entsprechende Veränderungen vorzunehmen und zugleich anzuerkennen, dass ich sie vornehmen *wollte*. Ich musste mir erlauben, das bestmögliche Leben zu leben, nicht nur irgendein Leben.

Kaum hatte ich mir zugestanden, mehr zu wollen, konnte mich nichts mehr aufhalten. Es gab nur noch den einen Weg, der mich von meinem bisherigen Kurs weg und hin zu dem Leben führen würde, das ich leben wollte. Sobald man aufhört, sich für das zu entschuldigen, was man sich wünscht, kommt es einem wie das Normalste auf der Welt vor, diese Wünsche auch zu verwirklichen.

Ich bin mir sicher, ich stünde heute nicht da, wo ich stehe, wenn ich mir nicht selbst den Weg freigemacht hätte.

ৡৎ

Sie müssen sich erlauben, glücklich zu sein.
Kein anderer kann das für Sie tun.

ৡৎ

Es ist völlig in Ordnung, mehr vom Leben zu erwarten: mehr Erfüllung, bessere Beziehungen, eine tiefere Zufriedenheit, eine bessere Gesundheit oder mehr Fröhlichkeit. Solange Sie Ihren Werten treu bleiben und sich auf das konzentrieren, was Ihnen am wichtigsten ist, gibt es keinen Grund, warum Sie vom Leben nicht alles bekommen sollten, was Sie wollen. Keine Angst, machen Sie ruhig Oliver Twists Worte zu Ihrem neuen Mantra: »Bitte, Herr, ich möchte noch etwas mehr!« Wenn Sie sich erlauben, das bestmögliche Leben zu leben und Ihr Potential ganz auszuschöpfen, ist das der sicherste Garant, dass Sie sich wohl in Ihrer Haut fühlen und glücklich sind mit dem, was Sie haben.

ৡৎ

Es ist völlig in Ordnung, mehr zu wollen.
Es gibt keinen Grund, warum Sie vom Leben
nicht alles bekommen sollten,
was Sie sich wünschen.

ৡৎ

Lassen Sie zu, dass Sie brillieren – und damit meine ich nicht, dass Sie auf einer Bühne stehen oder in irgendeiner anderen Weise das Rampenlicht suchen sollten. Sie müssen nur das Gefühl haben, dass *Sie* der leuchtende Leitstern in Ihrem Leben sind und dass Ihr Dasein erfüllt ist von pulsierender Energie.

Unsere tiefste Angst ist nicht die, dass wir unzulänglich sind. Unsere tiefste Angst ist die, dass wir über die Maßen machtvoll sind. Es ist unser Licht, nicht unsere Dunkelheit, das uns am meisten erschreckt. Wir fragen uns: Wer bin ich denn, dass ich so brillant, großartig, talentiert, fabelhaft sein sollte? Aber wer sind Sie denn, dass Sie es nicht sein sollten? Sie sind ein Kind Gottes. Wenn Sie sich kleinmachen, dient das der Welt nicht. Es hat nichts von Erleuchtung an sich, wenn Sie sich so schrumpfen lassen, da andere Leute sich nicht mehr durch Sie verunsichert fühlen. Wir sollen alle so leuchten wie die Kinder. Wir sind dazu geboren, die Herrlichkeit Gottes in uns zu manifestieren. Sie existiert in allen von uns, nicht nur in ein paar Menschen. Und wenn wir unser eigenes Licht leuchten lassen, erlauben wir auch unbewusst anderen Menschen, das gleiche zu tun. Wenn wir von unserer eigenen Furcht befreit sind, befreit unsere Gegenwart automatisch auch andere.

Marianne Williamson

(aus Marianne Williamson »Rückkehr zur Liebe«. Aus dem Amerikanischen von Susanne Kahn-Ackermann, München 1993, S. 180 f.)

Um das Beste aus sich zu machen, müssen Sie Ihre bisherigen Annahmen in Frage stellen und Ihre limitierenden Glaubenssätze identifizieren. Vielleicht fällt Ihnen anfangs gar nicht auf, dass Sie welche haben. Viele halten ihre Annahmen für Fakten und denken gar nicht daran, sich ihren Grenzen zu stellen. Immer wenn Sie sich dabei ertappen, dass Sie »Ich kann nicht« denken, fragen Sie sich: »Warum nicht?« Immer wenn Ihre innere Stimme Ihnen zuflüstert: »Das wird dir nie passieren«, dann sagen Sie sich: »Wetten, dass doch?« Und wenn Sie feststellen, dass Sie sich aus Angst, zu scheitern, etwas verwehren, dann sagen Sie sich, dass Sie es schaffen werden.

❧

Stellen Sie Ihre Annahmen in Frage;
erforschen Sie,
welche Glaubenssätze Sie einschränken.
Immer wenn Sie unwillkürlich
»Ich kann nicht« denken,
fragen Sie sich: »Warum nicht?«

❧

Emma arbeitete am Empfang einer stark frequentierten Personalagentur. Und obwohl sie sich gern hinter ihren langen Ponyfransen versteckte, erkannte ihr Chef ihr Potential und bat mich, sie zu coachen. Ihm war insbesondere aufgefallen, wie warmherzig und freundlich Emma mit den Menschen umging, die in die Agentur kamen, um sich als Verkäufer zu bewerben, und wie unwohl sie sich zu fühlen schien, wenn sie mit ihren Kollegen oder Vorgesetzten sprechen musste.

Wenn Emma sich um andere kümmerte, wie beispielsweise nervöse Bewerber, spielte ihre mangelnde Selbstsicherheit anscheinend keine Rolle, weil sie ganz damit beschäftigt war, dafür zu sorgen, dass ein anderer sich wohl fühlte. Aber in dem Augenblick, in dem Emma aus irgendeinem Grund ihr eigenes Verhalten reflektierte, wurde sie schüchtern, stotterte und traute sich nicht mehr, den Mund aufzumachen. Emmas Chef war der Ansicht, dass sie mit mehr Selbstvertrauen die »wahre Emma« zum Vorschein bringen und ein großer Gewinn für die Firma sein könnte.

Emma und ich analysierten, in welchen Momenten sie am selbstsichersten war, zum Beispiel im Kreis ihrer Familie und Freunde, und in welchen ihre Schüchternheit sie überwältigte. Eine der Situationen, in denen sie sich immer unwohl fühlte, stand am nächsten Abend bevor. Bei einer Firmenveranstaltung wurde von ihr erwartet, dass sie sich unter die Kollegen, Kunden und Bewerber mischte, und sie fürchtete sich vor den fremden Menschen und dem Smalltalk. Wo sie nur konnte, mied Emma Gelegenheiten, in denen sie mit Unbekannten ein Gespräch anfangen musste, und bisher hatte sie in solchen Fällen stets eine Ausrede gefunden, um früher gehen oder sich irgendwo im Hintergrund nützlich machen zu können. Richard Bach, der Autor von »Die Möwe Jonathan« (eines meiner Lieblingsbücher), charakterisiert dieses Verhalten so: »Glaube an deine Grenzen und sie gehören dir.«

Emma hatte ihre Annahmen immer für Fakten gehalten, und der Glaube, dass sie wegen ihrer Schüchternheit nie Spaß daran haben würde, neue Leute kennenzulernen, hatte viele Erfahrungen im Umgang mit anderen Menschen negativ beeinflusst. Ich schlug ihr vor, sich ein anderes Szenario auszumalen. Wie wäre es, wenn sie sich ihr Unbehagen und ihre Nervosität beim Gedanken an den Kontakt mit fremden Menschen eingestehen würde, dann tief durchatmen, sich aufraffen und einfach Hallo sagen? Bis dahin war Emma gar nicht auf die Idee gekommen, dass ihre Schüchternheit ihr nicht im Weg stehen musste, dass sie sie gar nicht überwinden musste, um Veränderungen herbeizuführen. Warum sollte sie ihre Gefühle nicht einfach hinnehmen, sie dann unter »wenig hilfreich« ablegen und es trotzdem probieren? Emma fand diese Vorstellung faszinierend und wollte einen Versuch wagen.

Es ist unglaublich wirkungsvoll, die eigenen Glaubenssätze und Annahmen einmal in Frage zu stellen. Manchmal braucht es viel Übung und Unterstützung, um zuzulassen, das Beste aus sich zu machen, manchmal wiederum kann es ganz einfach sein, indem man sich entschließt, das eigene Potential in einem neuen Licht zu sehen, und sich von da an auf diese neue Perspektive festlegt.

Emma erzählt immer, dass dieser Abend ihr Leben verändert habe. Sie mischte sich die ganze Zeit unter die Leute, und als sie anfangs vor Nervosität zitterte, gestand sie sich diese Gefühle einfach ein, atmete tief durch, ging auf jemanden zu, der allein herumstand, und stellte sich vor. Dass sie sich zu etwas durchrang, was sie bisher so furchtbar beängstigend gefunden hatte, gab ihr das Gefühl, nicht zu bremsen und unbesiegbar zu sein. Nicht, dass ihre Schüchternheit weg war, aber die *Macht*, die sie ihrer Schüchternheit eingeräumt hatte, war verschwunden. Emma hatte sich von ihrem limitierenden Glaubenssatz verabschiedet und es zugelassen, zu brillieren.

Die verbreitetste Art, sich selbst zu beschränken, ist die Selbstsabotage: Man tut oder unterlässt etwas, was gezielt die eigenen Chancen reduziert, zu bekommen, was man zu wollen behauptet. Man kann sich ganz offensichtlich selbst sabotieren, zum Beispiel indem man in einem Vorstellungsgespräch einen Streit anfängt, indem man eine Prüfung sausen lässt oder seinem Partner untreu ist; es geht aber auch subtiler, zum Beispiel indem man am Abend vor dem Vorstellungsgespräch zu viel Alkohol trinkt, sich nicht gründlich genug auf die Prüfung vorbereitet oder anfängt zu streiten, weil es in der Partnerschaft »zu glatt« läuft.

*Viele Leute sabotieren ihre Chance
aufs Glück.
Sie sollten nicht dazugehören.*

Die meisten Leute machen sich bis zu einem gewissen Grad schuldig, ihr eigenes Glück zu sabotieren, indem sie regelmäßig etwas tun, was ihre Ziele beeinträchtigt, oder indem sie es unterlassen, das Nötige zu tun, um sie zu erreichen. Wenn Sie den Verdacht haben, dass das auch auf Sie zutrifft, dann setzen Sie sich einmal aufrichtig mit Ihren kontraproduktiven Verhaltensweisen und Gewohnheiten auseinander und fragen Sie sich, was eigentlich dahintersteckt. Entweder wollen Sie gar nicht das, was zu wollen Sie behaupten, oder Sie erlauben sich nicht, das anzustreben, was Sie wollen.

Menschen sabotieren ihre eigenen Bemühungen aus den unterschiedlichsten Gründen. Es könnte daran liegen, dass Sie solche Angst vor dem Scheitern haben, dass Sie sich schon geschlagen geben, bevor Sie überhaupt anfangen, oder dass Sie vor den Auswirkungen des Erfolgs zurückschrecken. Vielleicht glauben Sie nicht, dass Sie das, was Sie wollen, verdienen oder dass Sie in der Lage sein werden, es zu bekommen, und deshalb versuchen Sie es erst gar nicht. Wenn Sie sich überlegen, was Sie vom Leben erwarten, können Sie Selbstsabotage am besten dadurch vermeiden, indem Sie sich fragen: »Was muss ich mir angewöhnen und welche Verhaltensweisen muss ich weiter fördern, wenn ich meinen Wunsch in die Realität umsetzen will?«

Nur wenn Ihre Handlungen und Worte übereinstimmen, können Sie Ihr Potential voll ausschöpfen. Nur wenn das, was Sie zu wollen behaupten, und das, was Sie dafür tun, zusammenpassen, haben Sie eine reale Chance, das Beste aus sich zu machen.

Manchmal fühlen sich die Hindernisse auf dem Weg dorthin sehr real an: das Geld, das für das neue Haus nötig ist; der Abschluss, den man für einen bestimmten Beruf braucht; die Pfunde, die man abnehmen will. Das alles muss Sie jedoch nicht davon abhalten, das zu bekommen, was Sie wollen. Immer wenn Sie »aber« sagen, versagen Sie sich in Wahrheit etwas. Immer wenn Sie »aber« sagen, meinen Sie in Wahrheit: »Das ist meine Rücktrittsklausel; mit dieser Entschuldigung oder jenem Einspruch kann ich mich noch mal davor drücken, wirklich das zu verfolgen, was ich vom Leben erwarte.« Selbst wenn diese Faktoren tatsächlich vorhanden sind, liegt es an Ihnen, ob Sie sie als unüberwindliche Barrieren betrachten oder nur als kleine Hürde, die Sie überspringen können. Nur Sie selbst entscheiden, ob diese Hindernisse Sie von Ihrem Ziel abbringen oder Sie motivieren, sie zu überwinden.

Nur wenn Ihre Worte
und Taten übereinstimmen,
können Sie Ihr Potential voll entfalten.

Wenn Sie sich zugestehen, alles zu tun, zu sein und zu haben, was Sie wollen, werden die noch vorhandenen Hindernisse Ihnen nicht länger unüberwindlich erscheinen. Es gibt zahlreiche Geschichten von Menschen, denen es gelungen ist, eines oder sogar viele Hindernisse zu überwinden, und die dadurch vorankamen und großen Erfolg hatten. Es wird immer Probleme geben, aber wenn Sie es zulassen, Ihr Potential zu entfalten, werden Sie sich davon nicht aufhalten lassen.

ϑ

Immer wenn Sie »aber« sagen,
ist das eine Rückzugsklausel.

ϑ

Mark war bei seiner Arbeit in einer Investmentbank äußerst unmotiviert. Er hatte das, was andere für einen guten Job hielten – ihm selbst machte er jedoch keinen Spaß. Er war verunsichert, weil er nicht wusste, ob es nur an seiner Einstellung lag oder ob der wahre Weg zum Glück anderswohin führte.

Mark war vor fünf Jahren, gleich nach seinem Abschluss in Betriebswirtschaft, zu dem Unternehmen gekommen. Er war seither schon zweimal befördert worden, und sein Arbeitgeber hatte als Bonus für die Unterzeichnung des Arbeitsvertrags einen großen Teil seiner Studiengebühren für den MBA-Abschluss übernommen. Mark fürchtete, undankbar zu wirken, wenn er über seinen Jobfrust klagte, und so versicherte ich ihm zuallererst, dass es in Ordnung war, mehr zu wollen. Nur weil sein Leben auf dem Papier gut aussah, hieß das noch lange nicht, dass es keine Steigerungsmöglichkeiten mehr gab.

Mit Mitte zwanzig, lange vor dem MBA-Studium, hatte Mark seine Arbeit wirklich inspirierend gefunden. Damals hatte er für eine neugegründete kleine Firma gearbeitet, und obwohl er noch jung war, hatte man ihm die Verantwortung für den Aufbau einer völlig neuen Abteilung übertragen, und das hatte ihm großen Spaß gemacht. Er hatte immer Unternehmer werden wollen, und diese aufregende Erfahrung hatte ihn in seinem Wunsch nur bestärkt.

Mark fand die Vorstellung, selbst ein »echter« Unternehmer zu werden, aufregend und beängstigend zugleich. Er hatte die Idee für ein neues Produkt, und ihm war klar, dass er zuallererst Geld brauchte, um seine Idee zu realisieren. Seine paar Ersparnisse waren ganz sicher nicht genug, um durchzustarten. Damit stieß er auf sein erstes Hindernis: Wie sollte er eine Bank oder Institution finden, die einem so jungen und relativ unerfahrenen Mann Geld leihen würde?

Mark beschloss, dass es das Beste wäre, sich weiter zu qualifizieren, und schrieb sich für den MBA-Studiengang ein. Er sagte sich, dass er mit mehr betriebswirtschaftlichem Know-how ein besserer Unternehmer wäre und leichter Leute finden würde, die ihn bei seinem Vorhaben unterstützten. Das war vor fünfzehn Jahren.

Mark machte den Abschluss und den damit einhergehenden Haufen Schulden. Er hielt es für besser, erst den Kredit abzuzahlen, bevor er sich seiner Geschäftsidee widmete, und nahm die Stelle bei einer großen Bank an. Dann lernte er seine zukünftige Frau kennen, und die beiden beschlossen, ein Haus zu kaufen. Die Ersparnisse, die er für eine eigene Firma zurückgelegt hatte, flossen zu seinem Bedauern nun in die Anzahlung für das Haus, aber er tröstete sich damit, dass er mit einem Wertzuwachs des Hauses ein Darlehen absichern konnte. Dann wurde Marks Frau schwanger. Er dachte, dass er wohl besser so viel wie möglich von dem Haus abzahlte, bevor die Schulgebühren für das Kind anstünden. So ging es weiter, bis fünfzehn Jahre vergangen waren, in denen Mark seine Unternehmerträume keinen Schritt vorangetrieben hatte.

Kein Wunder, dass Mark unglücklich war. Statt sich selbst zu bestärken, hatte er unbewusst ein Hindernis nach dem anderen zwischen sich und seine Träume getürmt. Als ihm das klarwurde, konnte er seinen Wunschtraum ehrlicher beurteilen. Er begriff, dass seine Zweifel an den eigenen Fähigkeiten das erste Hindernis waren, das er sich in den Weg gelegt hatte, und dass er später die Sicherheit und die Bequemlichkeit, die ihm das Angestelltendasein boten, zu schätzen gelernt hatte. Obwohl immer er selbst seine Gründerträume sabotiert hatte, hing er weiter daran, statt sich zu erlauben, die Festanstellung mit all ihren Vorteilen zu genießen.

ॐ

Es ist völlig in Ordnung,
dass Sie etwas nicht wollen,
aber wenn Sie es wollen,
dann gehen Sie los und holen Sie es sich!

ॐ

Es ist okay, sich bewusst gegen einen bestimmten Weg zu entscheiden, und es ist ganz normal, dass man in einen Konflikt gerät, wenn man sich die Auswirkungen einer Veränderung vor Augen hält. Weniges im Leben ist schwarz oder weiß, deshalb sollte man sich immer Zeit lassen, um sicherzustellen, dass man den richtigen Weg für sich wählt. Aber es ist ein großer Unterschied, ob man im Zweifel darüber ist, was man will, oder ob man sich verwehrt, das zu tun, was man will.

Immer wenn Sie darüber nachdenken, was Sie im Leben erreichen wollen, und unsicher sind, ob Sie dafür auf dem richtigen Weg sind, überprüfen Sie, in welcher Weise Sie sich vielleicht selbst behindern und wie Sie das abstellen könnten. Das kann eine ziemlich schwierige Aufgabe sein, aber fürchten Sie sich nicht vor dem, was Sie herausfinden. Es ist immer unangenehm, eigene limitierende Glaubenssätze zu entlarven, festzustellen, dass das, was man für ein Faktum hielt, in Wahrheit ein Stein ist, den man sich selbst in den Weg gelegt hat, oder zuzugeben, dass man in Verhaltensmustern der Selbstsabotage gefangen ist. Doch wenn Sie die selbstaufgetürmten Hindernisse erst einmal identifiziert haben, sind Sie frei, neue Gedanken, Gewohnheiten und Verhaltensmuster zu etablieren, die Ihren Lebenswünschen förderlich sind. Wenn Sie sich nicht mehr selbst blockieren und stattdessen zulassen, wirklich das Beste aus sich zu machen, werden Sie ganz automatisch lebenslang glücklich sein.

Nur weil ein Hindernis auftaucht,
müssen Sie Ihren Weg nicht verlassen.

Der **Sechste Schlüssel zum Glück** besteht darin, sich selbst das Beste im Leben zuzugestehen. Immer wenn Sie über die Zukunft nachdenken und sich dann bei einem »aber« oder »wenn doch nur« ertappen, denken Sie daran, dass Sie sich selbst im Weg stehen. Wenden Sie das *Prinzip Zulassen* an: Statt Ausreden zu suchen, warum Ihr Leben nicht so ist, wie es sein sollte, **machen Sie den Weg frei** und gestalten Sie Ihr Leben so, wie Sie es wollen.

Dankbar sein
Das Prinzip Überfluss

Für viele Leute sind Geldsorgen ein Hauptgrund ihres Unglücks. Dabei ist nicht Geld selbst das Problem, sondern das Verhältnis dazu, und das hat wiederum sehr wenig damit zu tun, wie viel oder wenig man tatsächlich besitzt, sondern sehr viel damit, wie man den eigenen Wohlstand beurteilt.

Was fühlen Sie, wenn Sie an Geld denken? Denken Sie – völlig unabhängig von Ihren tatsächlichen finanziellen Verhältnissen – immer darüber nach, was Sie nicht haben: ein größeres Haus, eine neue Küche, ein schnelleres Auto, Designerklamotten oder noch mehr Schuhe?

ॐ

Geldsorgen sind ein Hauptgrund für Unglück,
aber kein Geld dieser Welt
kann Sie glücklich machen,
wenn Sie Ihr Verhältnis dazu nicht ändern.

ॐ

Wenn Sie mit Ihrem Leben wirklich zufrieden sein wollen, sollten Sie nicht Ihre ganze Energie auf den Gedanken verschwenden, was Sie nicht haben, sondern Ihre Aufmerksamkeit auf das richten, was Sie alles haben. Seien

Sie ganz bewusst dankbar für den bereits vorhandenen Wohlstand und Überfluss und genießen Sie das, was Sie haben.

Dieser Ratschlag mag auf den ersten Blick meiner Rolle als Coach widersprechen – habe ich nicht eben erst erklärt, wie wichtig es ist, sich selbst zuzugestehen, alles, was man will, zu tun, zu sein und zu *haben*? Ja, und es stimmt: Wenn Sie etwas im Leben wollen und entschlossen sind, das Nötige dafür zu tun, dann sollten Sie es auch angehen.

ह৯

Nur weil es ein paar Dinge gibt,
die Sie noch haben möchten, heißt nicht,
dass Sie nicht dankbar sein können
für den Wohlstand und den Überfluss,
in dem Sie bereits leben.

৩৯

Die Armutsmentalität ist ein ernstes Leiden und hat inzwischen ein epidemisches Ausmaß erreicht. In unserer Welt leben heute Millionen von Menschen in echter Armut, doch wenn Sie nicht gerade beruflich mit Armen und Unterprivilegierten zu tun haben, dann sind Sie im Alltag wahrscheinlich von Menschen in sehr komfortablen Lebensumständen umgeben. Natürlich läuft für manche von ihnen nicht alles perfekt, weil sie vielleicht aufgrund der letzten Wirtschaftskrise den Gürtel enger schnallen müssen und nicht all die Annehmlichkeiten haben, die sie sich wünschen. Natürlich haben es einige Leute wirklich nicht leicht, aber gerade die, die ich immer über Geldmangel klagen höre, haben eigentlich alles, was sie brauchen.

Die Armutsmentalität reduziert
Ihren Blickwinkel auf das,
was Sie nicht haben –
in Wahrheit haben Sie
wahrscheinlich schon alles,
was Sie brauchen.

Meine beste Freundin nennt solche Leute immer die »Avocado-Armen«: Sie haben vielleicht nicht alles, was sie sich wünschen, aber sie kaufen frisches Obst und Gemüse in Feinschmeckerqualität, gern auch außerhalb der Saison und wenn schon, dann die teurere »vorgereifte« Variante. Menschen mit einer Armutsmentalität klagen gern darüber, dass sie sich den Hausausbau nicht leisten können oder die angemessene Privatschule für ihre Kinder oder das angesagte Hightech-Gerät – während sie gleichzeitig ein Dach über dem Kopf, mehr als genug Essen auf dem Tisch, Klamotten im Schrank und in vielen Fällen auch Geld auf der Bank haben.

Das Maß an Überfluss, in dem die meisten leben, sollte

ihnen eigentlich keinen Grund zur Klage geben, doch in unserer konsumorientierten Welt gibt es leider eine Menge gutsituierter Leute, die überzeugt sind, nicht genug zu haben.

Caroline gehörte zu dieser Sorte: Sie war nie zufrieden mit dem, was sie hatte, sie wollte immer noch mehr. Caroline wollte um keinen Preis hinter anderen zurückstehen. Wenn eine Freundin ein neues Outfit hatte, wollte sie auch eines. Als Freunde ihre Küche umbauten, redete Caroline nur noch davon, wie sehr sie ihre Küche hasste und wie dringend sie eine neue brauchte. Als eine von Carolines engsten Freundinnen in ein größeres Haus mit Pool umzog, fand Caroline natürlich sofort, dass ihres so klein war, dass man sich schon fast dafür schämen musste.

Bei Caroline war die Armutsmentalität extrem ausgeprägt: Alles im Leben betrachtete sie nur unter dem Gesichtspunkt, was ihr fehlte. Sie redete auch von nichts anderem: welche Kleidung sie sich gern kaufen würde; dass sie sich mit einem Urlaub im Drei-Sterne-Hotel zufriedengeben musste, während manche ihrer Freunde sich vier Sterne leisten konnten; wie peinlich ihr Haus war, aber dass sie und ihr Ehemann eben »zu arm« waren für ein größeres. Sie ärgerte sich nicht nur ständig über das Fehlen all dieser Dinge, ihre Haltung hinderte sie außerdem daran, das zu schätzen und zu genießen, was sie hatte.

Ich sagte Caroline, dass sie eine der reichsten Armen sei, die mir je untergekommen wären. Zuerst lachte sie empört und erklärte mir, dass sie alles andere als reich sei.

Ich beharrte darauf, dass sie angesichts ihrer angeblichen Armut doch eine Menge besaß: Sie besaß zwar keinen Pool, musste aber nicht unter einer Brücke schlafen. Sie hatte ein recht ordentliches Haus in einem höchst seriösen Vorort. Sie war im letzten Jahr zweimal im Urlaub gewesen, und selbst wenn es nicht das Vier Jahreszeiten gewesen war, so hatte sie sich in einem gemütlichen Familienhotel doch gut erholt. Überdies führte sie eine gute Ehe, hatte zwei glückliche, gesunde Kinder, ein paar Ersparnisse für den Ruhestand und auch sonst wenig Grund zur Klage.

Angesichts meiner Aufzählung musste Caroline einräumen, dass sie nicht arm war. Es gab nur einfach so viel, das sie gern hätte und nicht besaß, und deshalb hatte sie ständig den Eindruck, etwas zu verpassen.

Sich bestimmte Dinge zu wünschen heißt nicht, dass man das Vorhandene nicht genießen kann – das schließt sich doch nicht aus! Froh zu sein, dass man ein Dach über dem Kopf hat, macht es nicht unmöglich, den Kauf eines größeren Hauses zu planen. Günstige, lustige Ferien zu genießen hindert einen nicht daran, für einen etwas luxuriöseren nächsten Urlaub zu sparen. Dankbar zu sein für das, was man hat, hält einen nicht davon ab, mehr zu bekommen. Es bewirkt nur, dass man an seinem momentanen Leben viel mehr Freude hat.

Caroline verpasste tatsächlich etwas, aber nicht das, was sie meinte. Ein Großteil dessen, was sie sich wünschte, war rein materiell. Weil sie ständig mehr wollte und ununterbrochen auf das schielte, was ihre Freunde hatten, verpasste sie die Chance, die vorhandenen schönen Dinge in ihrem Leben zu schätzen und zu genießen, zum Beispiel ihr Haus und ihre Urlaube (mal abgesehen davon, dass sie den Pool ihrer Freunde vermutlich mitbenutzen konnte, ohne ihn wie diese sauber halten zu müssen).

Das Problematische an der Armutsmentalität ist, dass der Blick auf die finanzielle Armut – der Gedanke, nicht genug Geld, nicht genug Dinge zu besitzen – nur der Anfang ist. Wenn man sich erst einmal angewöhnt hat, sich auf das Fehlende zu konzentrieren, statt den Überfluss im eigenen Leben wahrzunehmen, führt das sehr bald auch zu einer emotionalen und spirituellen Armut, und dann wird es unmöglich, die einfachen Freuden zu genießen, ohne ständig daran zu denken, was einem abgeht.

Die größte Herausforderung für Caroline bestand darin, den Unterschied zwischen »wollen« und »brauchen« zu verstehen. Sie dachte, dass sie all diese Dinge brauchte – die Kleidung, die Küche, die Urlaube und das größere Haus – und ohne sie nicht glücklich sein könnte. Doch in Wahrheit wollte sie sie einfach. In unserem Zeitalter der Reizüberflutung durch die Medien geht die klare Trennung von »wollen« und »brauchen« verloren, und das wird zum immer größeren Problem. Die ganze Werbeindustrie ist darauf gebaut, uns einzureden, dass unser Leben sich verbessern ließe und wir glücklicher wären, wenn wir dies täten und jenes kauften.

Vom antiken griechischen Philosophen Epiktet stammt der Ausspruch: »Wohlstand beruht nicht darauf, viel zu besitzen, sondern wenig zu wollen.« Je besser es Ihnen gelingt, den Überfluss in Ihrem Leben wahrzunehmen und sich bewusst zu machen, dass sich durch Käufe und Erwerbungen kaum etwas ändert, desto glücklicher werden Sie sein.

Wenn Sie den Unterschied
zwischen »brauchen« und »wollen« verstehen,
wird Ihnen klar,
wie reich Ihr Leben bereits ist.

Brauchen Sie wirklich ein größeres Haus? Wahrscheinlich nicht. Einen neuen Fernseher? Nicht, solange der alte funktioniert, und selbst wenn der den Geist aufgibt, könnten Sie sicher eine Zeitlang ohne auskommen. Brauchen Sie neue Klamotten, neue Schuhe? Nicht, bevor die, die Sie tragen, durchlöchert sind.

Alles, was Sie im Leben wirklich brauchen, ist ein Dach überm Kopf, etwas zu essen, Kleidung zur Bedeckung des Körpers und zwischenmenschliche Beziehungen voller Wärme und Fürsorge. Traurigerweise gibt es einige Menschen in unserer Gesellschaft und Millionen auf der ganzen Welt, die nicht einmal diese Grundbedürfnisse erfüllt bekommen – und genau darauf will ich hinaus: Es besteht ein Riesenunterschied zwischen Armut und Armutsmentalität.

In unserer Gesellschaft werden die Grundbedürfnisse der meisten Menschen heute so umfassend erfüllt, dass sie es für selbstverständlich halten können. Die Energie, die man früher darauf verwenden musste, seine Bedürfnisse zu stillen, kann man nun darauf verwenden, seine Wünsche zu erfüllen. Im Laufe dieser Entwicklung scheint vielen das Bewusstsein dafür abhandengekommen zu sein, dass Glück nicht von der Erfüllung der Wünsche abhängen sollte.

Wenn Sie sich den Unterschied zwischen Ihren Wünschen und Ihren Bedürfnissen klarmachen, kann das unglaublich befreiend wirken. Sobald Ihnen bewusst ist, dass Sie wahrscheinlich schon alles haben, was Sie *brauchen*, können Sie sich entspannen und die zusätzlichen Dinge als das genießen, was sie sind: ein Sahnehäubchen.

ह❧

Es spricht nichts dagegen,
sich Luxus zu gönnen,
solange Ihr Glück nicht davon abhängt.

❧

Machen Sie sich keine Sorgen: Ich werde Ihnen keine asketische Mönchsexistenz ans Herz legen, damit Sie glücklich werden. Ich bin die Letzte, die Annehmlichkeiten nicht zu schätzen wüsste. Ich bin sogar ein großer Fan des kleinen Luxus, und eigentlich lehne ich auch großen nicht ab, aber mein Glück hängt davon eben nicht ab.

Bevor ich Coach wurde, arbeitete ich als selbständige Managementberaterin im leistungsgetriebenen Investmentbanking. Es war ein höchst lukrativer Job, und ich war finanziell für niemanden verantwortlich als mich selbst. Meine Arbeit war anspruchsvoll und anstrengend, und ich wurde dafür belohnt. Ich nahm überallhin ein Taxi und dachte an nichts anderes, als in der Mittagspause ein Paar Designerschuhe zu kaufen und am Wochenende ins Warme zu fliegen. Und in Drei-Sterne-Restaurants ging ich aus dem einfachen Grund, dass ich etwas zu essen brauchte.

Als ich mich zu einer beruflichen Neuorientierung entschloss, war mir klar, dass ich meinen Lebensstil signifikant ändern musste. Mein Leben würde nach wie vor kein schlechtes sein, aber ich wollte mit einer eigenen Coachingpraxis bei null anfangen, in einer neuen Stadt, wo ich kaum Kontakte, kein berufliches Netzwerk hatte. Mein alltäglicher selbstverständlicher Luxus würde damit zum gelegentlichen, wenn nicht seltenen Vergnügen werden.

Einige meiner Freunde machten sich Gedanken, ob ich wohl mit diesem neuen Lebensstil und den veränderten Konsumgewohnheiten klarkommen würde, und einer stellte meine Pläne ganz grundsätzlich in Frage. Aber ich ließ mich nicht beirren. Ich war zuversichtlich, dass ich mein Leben nicht nur weiterhin genießen könnte, sondern meine Lebensfreude sich sogar noch steigern ließe mit einer Tätigkeit, die ich liebte und für die ich brannte – nur würde ich dabei halt keine Designerschuhe tragen …

Wie sich herausstellte, fielen mir die Veränderungen sehr leicht. Ich wusste, dass sich der Tausch lohnte, dass der ganze Luxus mein Leben ausgeschmückt, jedoch nicht definiert hatte. Ob ich in italienischen Designerschuhen herumlaufe oder in Plastikschlappen, hat keinen Einfluss auf mein Glück. Und als mein Unternehmen wuchs und ich viele meiner Ziele erreicht hatte, konnte ich mir natürlich wieder einige meiner Lieblingsbelohnungen gönnen. Ich weiß das zu schätzen, was man für Geld kaufen kann, aber es ist nicht das, was mich glücklich macht. Ich fühle mich wohl in meiner Haut und weiß, dass mein Leben mich erfüllt und bereichert, egal, worin meine Füße stecken.

ॐ

Die meisten Dinge, die Sie haben wollen,
werden wenig
oder keinen Einfluss auf Ihr Glück haben.

ॐ

Viele Dinge, die wir uns wünschen, haben wenig oder keinen Bezug zu dem, was uns glücklich macht. Die Menschen betrachten materielle Besitztümer als etwas, das Glück verursacht oder definiert, statt als Möglichkeit, ein bereits glückliches und erfülltes Leben ein bisschen aufzupeppen.

Wenn Sie herausfinden wollen, welche Dinge Sie glücklich machen, müssen Sie einen Schritt zurück machen und sich nochmals mit Ihren Werten beschäftigen. Wenn es nicht ganz bestimmte *materielle* Dinge waren, die es auf

Ihre Prioritätenliste geschafft haben, können Sie nicht erwarten, dass diese Dinge einen mehr als vorübergehenden Einfluss auf Ihr Lebensglück haben. Natürlich kann der Kauf Sie in einen Rausch der Begeisterung versetzen, aber der Effekt wird nur kurz anhalten und sich langfristig nicht glückssteigernd auswirken.

Nachhaltiges Glück erreichen Sie dadurch, dass Sie den Reichtum und den Überfluss in Ihrem Leben kontinuierlich wertschätzen. Eine solche Einstellung erreichen Sie am leichtesten, wenn Sie darüber nachdenken, wofür Sie dankbar sein können, und dieser Dankbarkeit auch Ausdruck verleihen. Manche sprechen gern ein Dankgebet, wenn Ihnen das nicht entspricht, dann sprechen Sie den Dank einfach sich selbst gegenüber aus.

Finden Sie einen Weg, Ihrer Dankbarkeit
für den Reichtum und den Überfluss
in Ihrem Leben
Ausdruck zu verleihen.

Manche Menschen sind in ihrer Armutsmentalität und ihren Wünschen nach mehr derart gefangen, dass es ihnen richtig schwerfällt, den Überfluss in ihrem Leben anzuerkennen. Dabei verpassen sie nicht nur die Freude, die man empfindet, wenn man Dankbarkeit ausdrückt; sie verharren durch ihre Perspektive in einem Mangelzustand, in dem nichts je genug sein wird und sie ständig frustriert, ängstlich und wütend sein werden statt glücklich und zufrieden.

Adam arbeitete als Investmentbanker. Ich habe ja schon erwähnt, dass ich in dieser Branche gut bezahlt wurde, aber Adam war ein echter Überflieger und gerade mal dreißig, als er schon mehr als eine Million Dollar im Jahr verdiente. Dummerweise war er zehn Jahre und viele Millionen später nicht glücklich. Seine Arbeit laugte ihn aus, und er war den ständigen Druck bei seinen großen Deals leid. Er empfand seinen Wohlstand als eine Falle und spielte mit dem Gedanken, seinen Job zu kündigen und den Beruf zu wechseln – und konnte zugleich an nichts anderes denken als an die drohenden finanziellen Verluste.

Zuerst wollte Adam, dass alles anders wurde, ohne dass er etwas ändern musste, und keinesfalls wollte er weniger verdienen als bisher. Jeder Außenstehende hätte gesagt, dass Adam sich dank seiner Leistungen in einer höchst komfortablen Situation befand. Sein mehrere Millionen Dollar teures Haus war abbezahlt, sein Aktiendepot warf jedes Jahr eine gute Rendite ab, und er hatte weitere Ersparnisse auf der Bank. Eine Menge Leute hätten sich angesichts eines so guten finanziellen Polsters baldmöglichst zur Ruhe gesetzt, nicht jedoch Adam. Er hatte eine Mangelmentalität und fürchtete, »alles zu verlieren«.

Wer sich auf den Mangel konzentriert,
wird ihn hervorrufen.

Zuerst musste Adam seine Sichtweise dahingehend ändern, dass ein Stellenwechsel oder gar eine Auszeit ihm nicht alles rauben würde, was er sich bis dahin erarbeitet hatte. Selbst wenn er niemals einen anderen Job finden würde, was angesichts seiner Fähigkeiten und Erfahrung höchst unwahrscheinlich war, würde er nicht einmal sein Haus verkaufen müssen – es lag ja keine Hypothek darauf!

Als ich Adam fragte, wie viel Geld er monatlich zum Leben brauchte, hatte er darauf keine Antwort. Ich präzisierte meine Frage: Ich wollte nicht wissen, wie hoch sein monatliches Budget war, sondern einfach, wie viel er tatsächlich zu *brauchen* glaubte. Als Adam ausrechnete, was es kostete, seine Grundbedürfnisse zu decken – Essen, Benzin, Strom- und Gaskosten und so weiter sowie einen kleinen Betrag für Unvorhergesehenes – kam er auf etwas über tausend Dollar monatlich.

Dann fragte ich ihn, wie hoch sein Nettovermögen sein müsste, damit er zuversichtlich genug für einen beruflichen Wechsel wäre und das gute Gefühl hätte, für die Zukunft finanziell abgesichert zu sein. Die Antwort war verblüffend: Er kam auf eine Summe von zwanzig Millionen Dollar!

Als ich mich wieder gefasst hatte, stellte ich seine Schätzung in Frage: Das Wievielfache von dem, was er zur Bestreitung seiner Grundbedürfnisse brauchte, meinte er haben zu müssen, um einen Wechsel zu wagen? Adam suchte nach Ausflüchten: Die Erfüllung seiner Grundbedürfnisse sei ja nicht alles, er wolle ja nach wie vor ein angenehmes Leben führen. Aber Adam hatte keine extravaganten Wünsche, und seine täglichen Ausgaben müssten schon ins Astronomische steigen, um den Notgroschen, den er für nötig hielt, auch nur anzutasten.

Dank seines Berufs konnte Adam gut mit Zahlen umgehen und sah relativ schnell ein, wie übertrieben seine Schätzung war. Es wurde ihm klar, dass seine Mangelmentalität dazu geführt hatte, sich ständig Sorgen zu machen, sein Geld könne ausgehen, statt zu genießen, dass er so viel davon besaß. Durch die Veränderung seiner Sichtweise konnte Adam einen vernünftigeren Plan machen, der ihm einerseits die nötige Sicherheit vermittelte und andererseits die Zuversicht für den Wechsel, den er so herbeisehnte.

Bevor Sie jetzt sagen: »Der spinnt ja, das könnte mir nie passieren«, fragen Sie sich mal, was wäre, wenn es um kleinere Summen ginge. Wie viel Geld bräuchten Sie Ihrer Ansicht nach, bevor Sie genug hätten? Wie groß müsste Ihr Notgroschen sein, bevor Sie sich trauen, Ihren Träumen zu folgen? Und wie hoch wäre Ihr Einsatz für ein glücklicheres, erfüllenderes Leben?

Im Lauf meiner Coachingtätigkeit habe ich viele Gespräche wie das mit Adam geführt. Die Summen sind in der Regel kleiner, aber die Ängste immer die gleichen. Menschen schrecken davor zurück, auch nur kleinste Summen zu riskieren oder zu opfern, um ihren Wunsch nach Veränderung zu realisieren (mehr Freiheit, mehr Ausgleich oder einfach einen Tapetenwechsel), weil Geld oder Geldmangel zur bestimmenden Macht in ihrem Leben geworden ist.

Adam war allerdings nicht nur besorgt um seine finanzielle Sicherheit, sondern ebenso um den eventuellen Verlust des Status, den sein Reichtum mit sich brachte. Allzu oft machen Menschen Geld zum alleinigen Maßstab ihres Erfolgs. Sie bemessen ihren Wert allein an ihrem Kontostand statt an ihrem Glück, ihrer Gesundheit, der Zuneigung von Familie und Freunden und ihrer Integrität.

Manchmal müssen Sie einen Teil
Ihres finanziellen Wohlstands
riskieren oder opfern,
um Ihr Leben reicher zu machen.

Wenn Sie sich vor Augen halten, wofür Sie in Ihrem Leben dankbar sein können, werden Sie viel besser begreifen, worin Ihr Wohlstand besteht: in Ihrer Gesundheit, innigen Beziehungen, vielfältigen Erfahrungen, dem hohen Standard Ihrer Ernährung, Ihrer Umwelt und Ihres Zuhauses – der grundlegenden Sicherheit und Geborgenheit

Ihrer Existenz. Selbst wenn in dieser Hinsicht nicht alles perfekt oder noch Raum für Verbesserungen ist, können Sie für das Vorhandene Dankbarkeit ausdrücken.

Nur indem Sie anerkennen,
wofür Sie dankbar sein können,
wird Ihnen der wahre Reichtum
Ihres Lebens bewusst.

Der **Siebte Schlüssel zum Glück** besteht darin, sich den Reichtum des eigenen Lebens bewusst zu machen. Erstellen Sie jeden Morgen in Gedanken eine Liste, wofür Sie dankbar sind. Wenden Sie das *Prinzip Überfluss* an: Immer wenn Sie den Mängeln und Defiziten zu viel Aufmerksamkeit schenken, rufen Sie sich Ihre Liste ins Gedächtnis, bedenken Sie die Fülle in Ihrem Leben und **seien Sie dankbar** für alles, was Sie haben.

Alles geben
Das Prinzip Großzügigkeit

Wenn das Glück durch Ihr Leben fließen soll, dann können Sie durch Ihre Großzügigkeit den Hahn aufdrehen. Denn je mehr wir geben, desto mehr bekommen wir, egal, ob es sich um Zeit, Geld, Liebe oder Aufmerksamkeit handelt.

Viele Menschen halten sich für großzügig und denken dabei nur an die Entscheidungen, die sie mit ihrer Geldbörse treffen: das Geld, das sie ausgeben, die Preisschilder, die an ihren Geschenken kleben. Aber Großzügigkeit beinhaltet viel mehr: kleine Gesten, wie jemandem Kleingeld für die Parkuhr oder fürs Busticket zu geben; eine Freundin »einfach so« zum Mittagessen einzuladen oder sich die Zeit zu nehmen, aufmerksam und *zum wiederholten Mal* die Lieblingsgeschichte eines alten Onkels anzuhören. Großzügig sein kann manchmal einfach bedeuten, jemandem gute Absichten zu unterstellen und darauf zu vertrauen, dass er, egal, wie es nach außen wirkt, sein Bestes gibt, so wie man selbst.

ॐ

Nicht nur mit Ihrem Geldbeutel
können Sie sich großzügig erweisen.

Ebenso wichtig ist es,
dass Sie mit Ihrer Zeit und
Energie großzügig sind.

Am einfachsten ist man großzügig, indem man nicht kleinlich aufrechnet. Leider sehen zu viele Menschen ihre Beziehungen als Tauschgeschäfte und führen im Geiste Buch darüber, wer den Kaffee bezahlt hat, wer angerufen hat, wer das teurere Geschenk gekauft hat, wer die Lebensmittel besorgt hat, wer im Restaurant reserviert hat und so weiter.

Seien Sie mit Ihren Freunden und Lieben großzügig und rechnen Sie nicht auf, ob Sie ihnen irgendwann mehr geschenkt haben als umgekehrt. Wenn Ihre Beziehungen, ob es sich um Liebe, Freundschaft oder Verwandtschaft handelt, von Liebe und Zuneigung bestimmt sind, werden Sie auf jeden Fall genauso viel bekommen, wie Sie geben.

Wenn Sie sich nicht mehr länger mit Kleinkram beschäftigen und sich bewusst machen, dass in guten Beziehungen langfristig immer ein Ausgleich stattfindet, werden Sie viel glücklicher sein. Gleichheit in einer Beziehung muss keine mathematische Gleichung sein. Während eine Person finanziell mehr beitragen kann, leistet die andere in anderer Hinsicht mehr. Vielleicht unterhalten Sie eine Freundschaft, in der immer Sie zum Telefon greifen und Ihr Freund dafür regelmäßig nach der Rechnung greift.

Ich zum Beispiel habe eine Freundin, die so gut wie nie anruft, aber wenn es mir schlecht geht, ist sie die Erste, die mir Blumen oder eine Karte schickt oder auf andere Weise »Ich denk an dich« signalisiert. Ihre Aufmerksamkeit in den Phasen, in denen es wirklich darauf ankommt, wiegt es mehr als auf, dass ich diejenige bin, die den Kontakt hält. Vielleicht trägt Ihr Partner den Großteil der Kosten, dafür liegt in Ihren Händen die gesamte Organisation des gemeinsamen Haushalts; vielleicht kaufen Sie die Weihnachtsgeschenke für die ganze Familie, und er übernimmt das Kochen.

Wenn Sie in Ihren Beziehungen großzügig sind,
werden Sie genauso viel bekommen,
wie Sie geben.

Wenn es Ihnen nicht gelingt, das Buchführen und Aufrechnen sein zu lassen, dann müssen Sie vielleicht Ihre Werte hinsichtlich zwischenmenschlicher Beziehungen generell überdenken oder sich überlegen, zu welchen Menschen Sie Beziehungen unterhalten.

Wir leben oft wie in einer Blase, in der nur unsere eigene Lebenserfahrung zu existieren scheint und nur unsere Lebensumstände eine Rolle spielen. Tatsächlich lässt sich der eigene Glückslevel am schnellsten dadurch anheben, dass man anerkennt, wie gut es einem geht, und dass man großzügig zu denen ist, die schlechter dran sind – zum Beispiel indem man regelmäßig für eine gute Sache spendet, an die man glaubt, oder einer Organisation, die eine helfende Hand gebrauchen kann, ein wenig Zeit widmet.

Großzügig gegenüber den weniger vom Glück Begünstigten zu sein bedeutet nicht nur, Zeit und Geld zu opfern. Es besteht auch darin, sie nicht wegen ihres Äußeren oder ihres Bildungsgrads, ihrer Sprechweise oder ihrer Erfahrungen zu verurteilen. Jeder Mensch geht einen anderen Weg, und jeder hat eine andere Geschichte zu erzählen. Bevor Sie jemanden verurteilen, bedenken Sie, dass dieser Mensch vielleicht nicht so gute Voraussetzungen hatte wie Sie selbst, und wenn doch, dann hat er sie vielleicht anders interpretiert oder umgesetzt.

Jeder geht im Leben seinen eigenen Weg.
Verurteilen Sie andere Menschen
nicht für den ihren.

Indem Sie über andere ein Urteil fällen, sagen Sie in Wahrheit: »Ich bin besser als du«, auch wenn Sie es nicht laut aussprechen. Dadurch gewinnen Sie gar nichts – vielleicht pusht es kurzfristig Ihr Ego, vielleicht erfüllt es Sie mit falschem Stolz, oder es bestätigt ein ethnisches, moralisches oder soziales Stereotyp, und all das sollten Sie besser vermeiden.

Immer wenn Sie sagen: »Ich will mir ja kein Urteil erlauben, aber ...«, tun Sie genau das: Sie werten Ihre eigene Perspektive auf und die des anderen in irgendeiner Hinsicht ab.

Voltaire hat sich einmal sehr scharfsinnig über Urteile geäußert: »Beurteile einen Menschen nach seinen Fragen, nicht nach seinen Antworten.« Mit anderen Worten: Nehmen Sie sich Zeit, die Perspektive, die Werte, die Beweggründe zu verstehen, aufgrund deren dieser andere seine Entscheidungen trifft.

In Sachen Kindererziehung gibt es zum Beispiel Hunderte unterschiedlicher Meinungen, und alle Eltern bemühen sich, die richtige Herangehensweise für sich und ihr Kind zu finden. Alle haben einen unterschiedlichen Blick, und Themen wie Ernährung, Schlafgewohnheiten, Disziplin und Schulbildung werden in der ganzen westlichen Welt heiß diskutiert. Aber gibt es dabei nur einen richtigen Weg? Natürlich nicht, der richtige Weg ist der, der die Bedürfnisse erfüllt und die Werte berücksichtigt, die die einzelnen Familien haben. Ist es wirklich von Belang, ob ein Kind im Bett der Eltern oder in seinem eigenen schläft? Nicht, solange es die Sicherheit des Kindes nicht gefährdet und alle zumindest ein bisschen Schlaf abkriegen. Ist es tatsächlich wichtig, wann und wie lange Ihr Kind gestillt wird? Nicht, solange es die benötigten Nährstoffe bekommt. Sind Time-out-Verfahren, »Stille Treppe« oder direkte Bestrafung besser? Spielt das eine Rolle, solange sich das Verhalten des Kindes bessert? Sind aufs Ganze gesehen öffentliche oder private Schulen vorzuziehen? Ich wette, man findet für jedes einzelne Pro und Kontra Verfechter.

☙

Bevor Sie die Entscheidungen anderer verurteilen,
überlegen Sie genau,
welche Probleme sie damit zu lösen versuchen.

❧

Auch auf die meisten anderen Fragen gibt es in der Regel nicht *die* richtige Antwort, sondern höchstens eine richtige Antwort für die Betroffenen. Wenn Sie sich dabei ertappen, deren Entscheidungen zu verurteilen, weil Sie sich von den Ihren unterscheiden, fragen Sie sich, was diese Leute zu erreichen versuchen. Auf mein Erziehungsbeispiel bezogen, würden sicher alle Eltern beteuern, dass sie nur das Beste für ihr Kind wollen. Die Frage ist immer dieselbe: Was ist das Richtige für mein Kind, was ist das Beste für unsere Familie? Nur die Antworten unterscheiden sich.

Bevor Sie sich das nächste Mal zu einem Urteil über die Entscheidungen anderer hinreißen lassen, überlegen Sie zuerst, welche Fragen diese Menschen beantworten und welche Wertvorstellungen sie dabei berücksichtigen. Vielleicht stellen Sie fest, dass Sie eine andere Meinung haben oder sich in der gleichen Situation anders entschieden hätten, aber eine Meinung ist kein Urteil. Es ist nur dann ein Urteil, wenn Sie sich aufgrund Ihrer Meinung überlegen fühlen.

Ich bin fest davon überzeugt, dass die meisten Menschen meistens ihr Bestes geben. Nicht alle zu allen Zeiten, doch die Mehrheit der Leute in der Mehrheit der Fälle, und einer der schlichtesten Akte der Großzügigkeit besteht darin, ihnen dies zu unterstellen. Das Leben hält eine Menge potentiell frustrierender Erfahrungen für uns bereit. Sie können sich über Ihren Partner, Ihre Freundin oder ein Familienmitglied ärgern, die Entscheidungen treffen, die Sie nicht gutheißen. Sie können sich über den Kundenservice ärgern, weil er Ihre Frage nicht beantworten kann, oder über einen Mitarbeiter Ihres Teams, der eine Deadline nicht einhält. Bevor Sie sich in so einer Situation dazu verleiten lassen, wütend zu werden, atmen Sie einmal tief durch und unterstellen Sie Ihrem Gegenüber, dass es schlicht sein Bestes gibt. Mit dieser Herangehensweise wird nicht nur ein Großteil Ihrer Anspannung oder Frustration umgehend verpuffen – Sie werden außerdem feststellen, dass dieser Vertrauensvorschuss und Ihre Großzügigkeit sich für Sie auszahlen, weil man Ihnen ganz anders begegnet und sich die negative Stimmung aufhellt.

Die meisten Leute geben meistens ihr Bestes.

Wenn Sie das Beste aus sich machen wollen, fällen Sie keine Urteile über andere. Nicht einmal über sich selbst.

Nehmen wir Paula, einen der fleißigsten und engagiertesten Menschen, die ich kenne. Sie ist eine hingebungsvolle Ehefrau, ihren zwei kleinen Kindern eine fabelhafte Mutter und höchst erfolgreich in ihrem Teilzeitjob in der Medienbranche. Paula ist in der Schule ihrer Kinder im Elternbeirat, kauft immer regionale Produkte ein und recycelt und kompostiert so viel sie nur kann. Sie denkt an Geburtstage, spielt für die Kinder ihres Bruders den Babysitter und besucht regelmäßig ihre Großmutter. Paula ist ein Vorbild für alle, die ihr Bestes geben wollen – nur sie selbst sieht das nicht so.

Das Problem ist, dass Paula allen großzügig ihre Zeit, Liebe und Geduld zukommen lässt, nur nicht sich selbst. Immer wenn wir zusammensitzen, kann sie mir tausend Kleinigkeiten aufzählen, die sie seit unserem letzten Gespräch falsch gemacht hat. Zum Beispiel ist sie mal wütend geworden, weil ihr Kind nicht das tat, was es sollte. Oder sie ist nicht ans Telefon gegangen, als ihre Mutter anrief, weil sie sich gerade einen Tee kochte, oder sie hat in der Arbeit einen Tippfehler in einem Exposé für einen Kunden übersehen. Irgendetwas hat Paula sich immer vorzuwerfen.

Wäre sie doch nur zu sich selbst so nett wie zu allen anderen Menschen. Ich fragte sie einmal, was sie über eine Freundin sagen würde, die so viele Dinge auf die Reihe bekommt wie sie, und sie gab zu, dass sie das bewunderungswürdig fände. Sie würde sich fragen, wie diese Freundin mit all diesen Aufgaben jongliere, ohne dass je etwas schiefginge. Und falls tatsächlich mal eine Kleinigkeit nicht wunschgemäß verlaufe, dann doch nur, weil »so was halt vorkommt«.

Paula hatte es dringend nötig, mit sich selbst weniger streng und stattdessen so großzügig zu sein wie zu allen ihren Freunden. Zwischen dem Streben nach Perfektion (ein völlig unerreichbares Ziel) und dem Versuch, sein Bestes zu geben, besteht ein Riesenunterschied. Wenn Sie sicher sind, Ihr Bestes gegeben zu haben, dann wissen Sie, dass das immer genug sein wird. Und wenn Ihr Bestes manchmal nur guter Durchschnitt ist, dann ist das nur menschlich.

Wenn Sie das Beste aus sich machen wollen,
verurteilen Sie niemanden
— auch nicht sich selbst.

Ich bat Paula, einmal an die Fleißpunkte zu denken, die Kinder in der Schule bekommen - sie müsse doch zugeben, dass sie selbst eine Menge davon hätte.

Vergessen Sie nicht,
zu sich selbst ebenso großzügig zu sein
wie zu anderen.

Großzügigkeit bedeutet nicht zuletzt, sich selbst Güte und Geduld entgegenzubringen. Kritisieren Sie sich ständig, machen Sie sich Vorwürfe, dass Sie dies oder jenes nicht geschafft haben? Oder ermutigen Sie sich, sorgen Sie für die positive Verstärkung, die Sie für Ihren nächsten Schritt brauchen? Wenn Sie ein Kind motivieren wollen, dann wählen Sie einen freundlichen, geduldigen Ton. Tun Sie das doch auch, wenn Sie das Beste aus sich selbst herausholen wollen.

Besonders bedeutsam ist Großzügigkeit in Form von Zeit und Energie – das wird nur leider in der Hektik unseres Alltags meist vergessen. Eines der größten Geschenke, die Sie jemandem machen können, ist Aufmerksamkeit: ihm *wirklich* zuhören, nicht nur seine Worte aufnehmen, sondern darauf achten, *was* er sagt und warum.

Wenn man wirklich zuhört, unterbricht man den anderen nicht, weil man schon weiß, was man als Nächstes sagen oder fragen will; man sagt nicht: »Ich weiß, was du meinst«, oder versucht das Gespräch zu beschleunigen, indem man die Sätze des anderen zu Ende spricht; und ganz sicher checkt man nicht nebenher seine Mails, schreibt eine SMS oder liest Zeitung.

Je schwerer es fällt, jemandem wirklich zuzuhören, desto wichtiger ist es. Ältere Leute zum Beispiel schweifen im Gespräch manchmal ab oder wiederholen sich, aber angesichts dessen, was sie schon alles erlebt haben, verdienen sie einfach ein paar Minuten unserer Zeit. Schenken Sie sie ihnen, denn dieser simple Akt der Großzügigkeit bedeutet alten Menschen eine Menge.

Das Gleiche gilt für kleine Kinder. Sie stottern und verhaspeln sich, kriegen die Wörter nicht raus oder kommen mitten im Satz auf einen ganz anderen Gedanken. Begeben Sie sich auf Augenhöhe mit ihnen und schenken Sie ihnen hundertprozentige Aufmerksamkeit. Seien Sie geduldig und nett. Dadurch können die Kleinen sich besser konzentrieren und werden sich klar darüber, was sie eigentlich sagen wollen – das wirkt bei ihrem gerade erst aufkeimenden Selbstvertrauen und Selbstwertgefühl Wunder.

Seien Sie großzügig mit Ihrer Zeit und Energie.
Je schwerer Ihnen das fällt,
desto mehr hat Ihr Gegenüber es verdient.

Natürlich haben vor allem die Menschen, die Sie lieben, Ihre Zuwendung verdient: Ehepartner, Eltern und Kinder. Doch gerade die wichtigsten Menschen geraten oft ins Abseits und bekommen die wenigste Aufmerksamkeit ab, weil wir uns im Multitasking versuchen, unsere Pflichten abarbeiten oder einfach unsere Lieblingssendung im Fernsehen nicht verpassen wollen. Wenn Sie wirklich großzügig sein möchten, dann geben Sie Ihren Lieben Ihr Bestes und setzen Sie sie an die Spitze Ihrer Prioritätenliste.

Geben Sie den Menschen,
die Ihnen am wichtigsten sind,
Ihr Bestes,
nicht nur das, was von Ihnen übrig ist.

Sam liebte seine Arbeit wirklich. Er hatte als einfacher Zahnarzt angefangen und war nun Partner in einer Reihe von Praxen in der Stadt. Sam war ehrgeizig, und so war er neben seiner praktischen Arbeit auch noch Präsident seiner Branchenorganisation, und wenn er einmal nicht an Zähne dachte, dann arbeitete er an seinem Golfhandicap. Für Sam hatte der Tag nie genug Stunden. Er hetzte von dahin nach dorthin, von einem Meeting zu einem Patienten, vom Telefonieren zum Berichteschreiben. Weil er fit bleiben wollte, ging er jeden Morgen laufen, und die Abende verbrachte er häufig mit dem Verfassen von Fachartikeln oder auf beruflichen Veranstaltungen.

Sams Kollegen bewunderten ihn für seinen Erfolg; seine Freunde dachten, er habe alles, was man sich nur wünschen kann. Von außen betrachtet, mochte das wohl stimmen. Bis seine Frau ihm sagte, dass sie beabsichtige, die Scheidung einzureichen – was Sam wie ein Blitz aus heiterem Himmel traf. Er hatte immer gedacht, seine Frau sei glücklich. Sie wohnten in einem wunderschönen Haus, hatten immer genug Geld und machten regelmäßig Luxusurlaube. Ihre zwei Söhne im Teenageralter waren gut in der Schule, und ihr ganzes Umfeld beneidete sie um ihr schönes Leben.

Dummerweise wollte seine Frau aber nicht das Ziel des Neids anderer Leute, sondern das Ziel der Zuwendung ihres Ehemanns sein. Und auch wenn sie die Vorzüge seines Erfolgs durchaus zu schätzen wusste, waren Haus, Autos und Urlaube nie ihre sehnlichsten Wünsche, und sie hätte all das liebend gern eingetauscht gegen den alten Sam, den sie einmal geheiratet hatte. Sie hatte gewusst, wie ehrgeizig er war, und seine Bestrebungen anfangs sogar sehr unterstützt, doch in den letzten Jahren hatte sie angefangen, seine Tätigkeit und wie diese Sams Zeit in Anspruch nahm, regelrecht zu hassen.

Angesichts all seiner Aktivitäten blieb Sam kaum Zeit für seine Familie. Seit Monaten schon wollte seine Frau mit ihm darüber sprechen, aber immer wenn sie dazu ansetzte, sagte er, dass er »zu beschäftigt sei, sich auch noch damit zu befassen«. Regelmäßig sagte er ihre Essensverabredungen ab, weil er länger arbeiten musste, und bei den Schulveranstaltungen seiner Söhne tauchte er nie auf.

Natürlich war Sam nicht aus Böswilligkeit ein unaufmerksamer Ehemann und Vater. Er liebte seine Frau und seine Söhne aufrichtig, beschäftigte sich allerdings so intensiv mit seinen eigenen Zielen und Wünschen, dass für seine Familie keine Zeit übrig blieb. Die Menschen, die er liebte, hielt er für eine Selbstverständlichkeit und ging unbewusst davon aus, dass sie sowieso immer da sein würden.

Den uns wichtigen Menschen können wir keinen größeren Beweis unserer Wertschätzung liefern, als ihnen unsere ungeteilte Aufmerksamkeit, Herzlichkeit und Geduld entgegenzubringen. In der modernen Welt ist Zeit die kostbarste Ressource, und indem wir unsere Zeit schenken, zeigen wir unsere Liebe weitaus deutlicher als mit dem teuersten Geschenk.

Gut für Sam, dass seine Frau noch keine endgültige Entscheidung gefällt hatte. Er hätte sich zwar nie für einen Typ gehalten, der sich coachen lasse, aber nun war er bereit, alles zu tun, um seine Ehe zu retten. Gerade noch rechtzeitig und mit der Unterstützung eines Paartherapeuten begann Sam zu begreifen, dass all der Luxus nichts wert war, wenn er seiner Frau und seinen Söhnen nicht die Zeit und die Zuwendung schenkte, die sie verdienten. Er brauchte nicht alles aufzugeben, was ihm Freude machte, doch er musste seiner Familie gegenüber viel großzügiger werden, wenn seine Ehe eine zweite Chance bekommen sollte.

Wie viele andere war Sam so gefangen in seinen Zielen, Träumen und seinem Erfolgsstreben, dass er darüber die Menschen vernachlässigte, die ihm am meisten bedeuteten. Seinen Erfolg maß er am Geld, das er verdiente, seine Großzügigkeit an den Geschenken, die er seiner Frau und den Söhnen kaufen, und am Lebensstil, den er ihnen ermöglichen konnte.

Machen Sie sich bewusst,
wie viel Sie geben können.

Beim **Achten Schlüssel zum Glück** geht es um viel mehr
als um Geld. Es geht darum, mit der eigenen Zeit und
Energie großzügig umzugehen, freundlich und geduldig
zu sich und anderen zu sein, und niemanden zu verurteilen. Wenden Sie das *Prinzip Großzügigkeit* an: **Geben Sie
alles**, wann immer Sie können.

Oft und viel zu lachen;
die Achtung intelligenter Menschen und die Zuneigung von
Kindern zu gewinnen;
die Anerkennung aufrichtiger Kritiker zu verdienen
und den Verrat falscher Freunde zu ertragen;
Schönheit zu bewundern, in anderen das Beste zu finden;
die Welt ein wenig besser zu verlassen,
ob durch ein gesundes Kind, einen bestellten Garten oder einen
kleinen Beitrag zur Verbesserung der Gesellschaft;
zu wissen, dass wenigstens das Leben eines Menschen leichter
war,
weil du gelebt hast –
das ist Erfolg.

Ralph Waldo Emerson

Sich festlegen
Das Prinzip Beharrlichkeit

Den meisten Menschen läuft das Glück nicht einfach so zu. Zuerst müssen sie sich dazu entschließen, glücklich zu sein, und dann ihr Leben lang hartnäckig und beharrlich danach handeln. Die Festlegung aufs Glück kann die eigene Perspektive grundlegend verändern, aber nur durchs Handeln wirkt sie sich langfristig und nachhaltig auf das Leben aus.

Auch wenn Glück ein Zustand ist,
müssen Sie in der Regel etwas dafür tun,
um es zu erreichen und aufrechtzuerhalten.

Sie sind täglich mit einer Reihe ganz profaner Entscheidungen konfrontiert: Wann Sie aufstehen, wann Sie frühstücken, ob Sie Sport treiben oder nicht, ob Sie Tee oder Kaffee trinken, wie Sie mit einem schwierigen Kollegen umgehen, ob Sie Ihre Mutter anrufen oder es sein lassen, was es zum Abendessen gibt und welcher Wein dazu passt, was Sie sich im Fernsehen ansehen und wann Sie ins Bett gehen. Selbst wenn es nicht bewusst geschieht, treffen Sie doch den lieben langen Tag Entscheidungen.

Und diese können Ihr Streben nach Glück entweder fördern oder behindern.

Ausgeschlafen in den Tag starten, sich gesund ernähren, Sport treiben, respektvoll mit Kollegen umgehen, Alkohol in Maßen genießen, nur wenig fernsehen und schlafen gehen, bevor man völlig erschöpft ist – all das sind gemessen an den allgemeinen Ratschlägen für das Wohlbefinden richtige Entscheidungen. Aber man kann jeden Tag in jedem Moment auch anders entscheiden: verschlafen, das Frühstück weglassen, sich mit Kaffee über den Tag retten, keine Zeit für Sport einplanen, die Kollegen anschnauzen, seine Sorgen in Alkohol ertränken und dann kaputt ins Bett fallen ... ein schlechtes Rezept für einen guten Tag. Worauf ich hinauswill: Es reicht nicht, einmal eine richtige Entscheidung zu treffen, man muss sie jeden Tag (oder jedenfalls an den meisten Tagen) wieder treffen, damit Glück zu einem selbstverständlichen Zustand wird.

৯৯

Legen Sie sich auf Ihr Glück fest
und treffen Sie
die dazu passenden Entscheidungen.

৯৯

Was für die alltäglichen kleinen Entscheidungen gilt, gilt erst recht für die großen Entscheidungen des Lebens. Sie müssen sowohl aktiv als auch proaktiv handeln, wenn Sie mit Ihrem Leben zufrieden sein wollen. Sie müssen nicht nur aktiv das tun, was Ihr alltägliches kurzfristiges Glück fördert, sondern ebenso darauf hinarbeiten, Ihre langfristigen Pläne zu verwirklichen.

Ein sinnerfülltes Leben passiert einem nicht einfach, man muss es erschaffen. Und wenn man es verwirklicht hat, darf man es nicht für selbstverständlich halten. Selbst wenn sich die zentralen Werte eines Menschen im Lauf seines Lebens nicht ändern, werden sie sich doch in den verschiedenen Phasen unterschiedlich äußern. Deshalb muss man sein Glück und seine Erfüllung aktiv fördern und sich kontinuierlich zu persönlichem Wachstum und zur Weiterentwicklung motivieren.

∂❧

Halten Sie Ihr Glück
nicht für eine Selbstverständlichkeit,
sondern kümmern Sie sich
vorausschauend darum,
es zu fördern und zu erhalten.

❧

Tania hatte sich immer für einen glücklichen Menschen gehalten. Sie war seit fünfundzwanzig Jahren verheiratet, und obwohl ihre Ehe nicht vollkommen war, betrachtete sie sie als eine von den guten, und war glücklich, sagen zu können, dass sie ihren Mann auch nach all der Zeit noch attraktiv fand. Sie war fit und gesund. Der jüngere ihrer zwei Söhne gönnte sich gerade ein Jahr Auszeit im Ausland, bevor er zu studieren anfangen würde.

Vor der Geburt ihrer Söhne war Tania Projektleiterin in einer großen PR-Beratungsfirma, eine anstrengende und anspruchsvolle Tätigkeit, für die sie viele Überstunden machte und gut bezahlt wurde. Als Tania nach der Geburt ihres ersten Sohnes in Teilzeit zurückkehrte, machte ihr der Job lange nicht mehr so viel Spaß. Zuerst hatte sie mehr zu tun, als sie realistisch betrachtet während ihrer Arbeitszeit schaffen konnte, und nachdem sie ein halbes Jahr lang jeden Abend Arbeit mit nach Hause geschleppt hatte, sprach sie mit ihrem Chef und reduzierte ihren Verantwortungsbereich. Doch nun fand sie den Job nicht mehr so anregend. Als ihr zweiter Sohn unterwegs war, beschloss Tania, die Stelle ganz aufzugeben und sich auf die Kindererziehung zu konzentrieren.

Die Entscheidung war ihr sehr schwergefallen, denn sie hatte sich immer als »Karrierefrau« gesehen, und ihre Arbeit aufzugeben, um Vollzeitmutter zu werden, war das Letzte, was sie sich vorgestellt hatte. Aber in der gegenwärtigen Form funktionierte ihre Arbeit einfach nicht mehr, und Tania war klar, dass sich etwas ändern musste. Sie gab sich sechs bis zwölf Monate, um ihr neues Leben zu testen, und wenn sie dann nicht zufrieden wäre, müsste sie sich etwas anderes überlegen.

Zu Tanias großem Erstaunen gefiel ihr ihre neue Rolle sehr. Nach Jahren, in denen sie versucht hatte, ihren Chef und die Kunden zufriedenzustellen, hatte sie Spaß daran, über Pausenbrote und Spielgruppen nachzudenken und ihre Kreativität für die Beschäftigung ihrer Jungen einzusetzen. Gelegentlich übernahm sie PR-Aufträge, aber immer nur kurzfristige bei kleineren Firmen, bei denen zu ihrem Glück nicht wie früher großer Druck oder ihr Ego eine Rolle spielten. Tania genoss es, nicht aus der Übung zu kommen und zugleich aktiv am Leben ihrer Söhne teilnehmen zu können – sie war erfüllt und sehr zufrieden mit ihrem Leben.

Zumindest bis vor kurzem. Tania hatte durchaus vorausgesehen, dass ihr ein Empty-Nest-Syndrom drohte, wenn die Söhne zur Uni gehen würden, und ihren Kalender deshalb mit Beiratssitzungen, Mittagessen mit Freundinnen und regelmäßigen Tennisstunden gefüllt, dennoch fühlte sie sich niedergeschlagen. Zuerst ging sie davon aus, dass sie einfach ihren Jüngsten vermisste, und das stimmte auch, aber es steckte mehr dahinter.

Tania begriff, dass das Leben, das vorher wie für sie gemacht schien, einfach nicht mehr richtig passte. Nun, da ihre zwei Jungs aus dem Haus waren, musste sie etwas ändern, um wieder Zufriedenheit und Erfüllung zu finden. Einerseits war sie sicher, dass es sie nicht zurück ins Angestelltendasein zog, andererseits genügten ihr die paar kleinen Aufträge hie und da nicht mehr. Ihrer Ansicht nach war die Gründung einer eigenen kleinen PR-Agentur eine Möglichkeit, ihren Intellekt wieder stärker zu fordern, ohne ihre Freiheit und Balance aufzugeben. Nachdem sie zumindest schon mal wusste, *was* sich ändern musste, fühlte sich Tania besser als seit Wochen und war überzeugt, dass sie, sobald sie einige ihrer Ideen in die Tat umsetzte, ihren Glücksgaranten in kürzester Zeit zurückhätte.

Tania konnte unter anderem deshalb genau benennen, was sie ändern musste, *bevor* sie todunglücklich würde, weil ihr bewusst war, dass sie *proaktiv* handeln musste. Ihr war klar, dass sie sich nicht einfach zurücklehnen und darauf warten konnte, dass sich das Gefühl der Erfüllung von selbst wieder einstellte, sondern dass sie sich auf die Suche machen musste. Und wenn der erste Versuch zu nichts führte, musste sie eben weitersuchen, bis sie etwas fand, was funktionierte.

Die Entscheidung, das Beste aus sich zu machen, kann Ihr Leben tiefgreifend verändern, denn es befreit Sie vom Perfektionsideal, und Sie können zuversichtlicher und unbeschwerter agieren. Doch die unmittelbaren Auswirkungen dieses umwälzenden Entschlusses müssen sich nicht unbedingt positiv anfühlen. Was den Menschen in diesem Zusammenhang am meisten zu schaffen macht, ist ein Gefühl der Isolierung oder eine Distanz zu ihrem Umfeld. Die meisten Menschen finden »ganz okay« ganz okay und wollen sich gar nicht um das Optimum bemühen. Selbst wenn sie ein bisschen jammern und nörgeln, sind sie nicht im Entferntesten dazu bereit, irgendetwas zu ändern. Doch wenn *Sie* im Leben Glück und Erfüllung finden wollen, müssen Sie sich beharrlich darum bemühen.

Wenn Sie sich darauf festlegen, könnten andere das als Affront empfinden. Wenn Menschen in Ihrem Umfeld zufrieden mit ihrer Unzufriedenheit sind oder nicht unzufrieden genug, um etwas dagegen zu unternehmen, kann das zu Spannungen oder sogar Konflikten führen. Auch wenn Ihr Ego sicher das Letzte ist, was Sie antreibt, Ihr Leben zu verändern, könnten weniger selbstsichere und entschlussfreudige Menschen Ihnen vorwerfen, dass Sie sich für etwas Besseres halten. Andere wiederum könnten es als Kritik an ihrem Leben verstehen, obwohl Sie sich doch nur auf Ihr eigenes konzentrieren.

Die meisten Menschen
finden »ganz okay« ganz okay.
Wenn Sie das Beste aus sich machen wollen,
sollten Sie das anders sehen.

Ich mache meine Klienten immer darauf aufmerksam, dass es da oben an der Spitze einsam sein kann. Wer den Durchschnitt akzeptiert, findet um sich herum Millionen von Menschen, die sich mit einem ähnlich niedrigen Level an Lebensqualität zufriedengeben. Sobald Sie es sich erlauben, nach dem Besten zu streben und Ihr Potential voll zu entfalten, wird der Kreis an Leuten, die genauso denken, kleiner – auf den ersten Blick sieht er sogar verdammt klein aus.

Das kann sich unangenehm anfühlen, und genau dann ist Ihre Beharrlichkeit am meisten gefragt. Sie sind nur sich selbst gegenüber Rechenschaft schuldig und allein für Ihr Glück verantwortlich. Lassen Sie sich durch andere nicht davon abhalten, glücklich zu sein und Ihr Bestes zu geben.

ॐ

Wundern Sie sich nicht:
Wenn Sie sich entschließen,
Ihr Bestes zu geben, wird der Kreis der Menschen,
mit denen Sie Ihre Zeit
verbringen wollen, kleiner.

ॐ

Meistens ist die Ablehnung der anderen so subtil, dass sie ihnen selbst gar nicht auffällt. Wenn Sie aber feststellen, dass jemand in Ihrem Freundeskreis sich anders verhält, seit Sie die nötigen Veränderungen für Ihr Glück in Angriff genommen haben, bedenken Sie eines: Das betrifft gar nicht Sie, sondern nur diesen Menschen. Vielleicht besorgt oder verwirrt ihn die Veränderung des Status quo, weil ihm dadurch seine eigenen Entscheidungen vor Augen geführt werden, und nun fürchtet er, dass Sie ihn in Zukunft anders beurteilen. Vielleicht hadert er selbst mit Gewichtsproblemen, würde gern mit dem Rauchen aufhören, ist bedrückt aufgrund von Eheproblemen oder wünscht, er hätte den Mut, seinen verhassten Job hinzuschmeißen. Wie auch immer, diese Reaktionen gehen nur ihn selbst an, nicht Sie!

Nur Sie allein können die Verantwortung
für Ihr Glück übernehmen.

Manche in Ihrem Umfeld werden ganz aktiv versuchen, Sie zu entmutigen und in Ihrem Entwicklungsprozess zu behindern. Die Gründe dafür können durchschaubar und nachvollziehbar sein: Ihre Mutter möchte nicht, dass Sie eine Stelle im Ausland annehmen, Ihr Lebensgefährte sorgt sich, dass Ihr Abendstudium ihm seine Zeit mit Ihnen stiehlt, oder Ihre beste Freundin fürchtet, dass Ihre neue Beziehung dazu führt, dass sie sich zukünftig allein auf dem Single-Markt umtun muss. In all diesen Fällen ist es sinnvoll, wenn Sie den Betroffenen versichern, wie viel sie Ihnen bedeuten, und zu hoffen, dass deren Liebe und Respekt groß genug sind, um Ihren Entschluss nicht zu untergraben.

Wenn jemand Ihre Entschlossenheit
in Frage stellt,
stellen Sie Ihre Beziehung
zu dieser Person in Frage.

Es kann vorkommen, dass ein Bekannter Sie aktiv zu sabotieren versucht. Der Raucher, der Ihnen immer wieder eine Zigarette anbietet, obwohl er weiß, dass Sie aufhören wollen. Die »gute Freundin«, die Kuchen serviert, obwohl sie weiß, dass Sie abnehmen wollen. Der Kollege, der Sie vor Ihrem Chef bloßstellt. Echte Freunde werden Sie auf Ihrem Erfolgsweg unterstützen, ganz unabhängig von den eigenen Zielen, und ein Teamplayer setzt sich fürs ganze Team ein, nicht nur für die eigenen Interessen. Wenn Sie auf Leute in Ihrem Umfeld stoßen, die Ihre Entschlossenheit untergraben, dann überlegen Sie, ob Sie sich diesen Leuten weiterhin verpflichtet fühlen müssen.

Ich erinnere mich, dass ich auf meiner Suche nach dem Glück eine Art Revision meines Adressbuchs vornehmen musste. Manche meiner Freunde haben mich auf meinem Weg aktiv unterstützt, andere konnten meine Entscheidungen nicht nachvollziehen, respektierten sie aber. Es waren glücklicherweise wirklich sehr wenige, die ganz gezielt versuchten, mich zu entmutigen, indem sie meinen Weg in Frage stellten und ständig ihre eigenen Ängste und Unzulänglichkeiten auf mich projizierten. Ich beschloss daher, den Kontakt mit ihnen abzubrechen oder mich ihrer Negativität zumindest so wenig wie möglich auszusetzen.

Das mag vielleicht hart klingen, doch wenn alle Energie dafür draufgeht, das Gift der Negativität zu neutralisieren und unter ständigem Beschuss die eigene Entschlossenheit aufrechtzuerhalten, dann ist das schlicht eine Überlebensfrage. Es ist wichtig, im Kopf zu behalten, dass Sie allein für Ihre Beharrlichkeit verantwortlich sind. Niemand kann Sie dazu bringen, Ihre Meinung oder die Richtung zu ändern – nur Sie selbst können das, und solange Sie das nicht wollen, kann keine andere Meinung Ihnen in die Quere kommen. Wenn Sie das Beste aus sich machen wollen, gehören Menschen, die Sie nicht anfeuern oder zumindest stützen, nicht mehr in Ihre Welt.

Tom Hanks, Hauptdarsteller in »Forrest Gump« und vielen anderen preisgekrönten Filmen, sagte einmal: »Wenn es nicht schwierig wäre, würde es jeder tun. Es ist ja gerade großartig, weil es so schwierig ist.« Weil viele Menschen darauf warten, dass es leicht wird, gehen sie leider die für Glück und Erfüllung nötigen Veränderungen nicht an. Doch nur sehr wenige davon sind ohne Mühe und Beharrlichkeit zu haben. Egal, ob es sich um eine rein logistische Veränderung handelt, etwa einen Hauskauf oder einen Jobwechsel, um eine körperliche, wie abzunehmen oder das Rauchen aufzugeben, oder um eine emotionale, beispielsweise die Entwicklung von Selbstvertrauen und Selbstwertgefühl – man muss seine Anstrengungen beharrlich aufrechterhalten. Wenn nicht, wird es sehr viel schwieriger, das Ziel zu erreichen. Statt zu erwarten, dass es leicht wird, ist es viel sinnvoller zu akzeptieren, dass man vor einer Herausforderung steht, die sich aber lohnt.

Wenn Sie Ihr Leben verändern möchten, denken Sie in Ruhe über die Gründe nach: Wollen Sie es, weil man es von Ihnen erwartet, weil jemand es Ihnen vorschreibt oder weil Sie allein es wirklich wollen? Manchmal steckt hinter Ihrer Motivation nicht der offensichtliche und vermutete Antrieb. Das war jedenfalls bei mir der Fall, als ich mit Mitte zwanzig beschloss, das Rauchen aufzugeben. Ich war zwar keine sehr starke Raucherin, aber nikotinabhängig ganz sicher; ich musste im Lauf des Tages in regelmäßigen Abständen eine rauchen: auf dem Weg zur Arbeit, in der Kaffeepause, vor dem Mittagessen, nach dem Mittagessen und so weiter. Wie die meisten Raucher hatte ich schon vorher mal aufgehört, sogar zweimal, doch bekanntlich lässt sich mit schlechten Gewohnheiten nur brechen, indem man nicht wieder damit anfängt. Und jedes Mal, wenn ich eigentlich nur eine einzige Zigarette rauchen wollte, rutschte ich sofort zurück in meine Abhängigkeit.

Die wenigsten Veränderungen im Leben
sind ohne Mühe und Beharrlichkeit zu haben.

Ich wusste natürlich, dass Rauchen schädlich und potentiell tödlich ist, dachte jedoch, ich sei ja noch jung und könne rechtzeitig aufhören, bevor es bleibende Schäden in meinem Körper anrichten würde. Kurz vor meinem vierundzwanzigsten Geburtstag blickte ich dann in den Spiegel und entdeckte die ersten feinen Linien auf meiner Stirn. Ich war am Boden zerstört, weil ich sie als eklatantes Zeichen interpretierte, dass die goldenen Jahre meiner

Jugend nun ihrem Ende zugingen. Mehr Anreize, um mit dem Rauchen aufzuhören, brauchte ich nicht. Es wurde mir bewusst, dass mein Körper durch das Rauchen bereits Schaden genommen hatte. Zu gern würde ich behaupten, dass meine Gesundheit die Hauptmotivation war, aber die kam in Wahrheit erst an zweiter Stelle. Als ich diese Fältchen im Spiegel erblickte, war mir schlagartig klar, dass ich etwas tun konnte, was mehr brachte als jede Antifaltencreme. Ich konnte mit dem Rauchen aufhören, bevor noch mehr Anzeichen eines verfrühten Alterungsprozesses sichtbar wurden.

୨୦

Finden Sie heraus, was Sie wirklich antreibt
— das ist die beste Motivation.

ୡଓ

Ich beschloss, sofort aufzuhören - ohne Hypnose, Nikotinpflaster, Selbsthilfegruppe oder sonstige Unterstützung. Ich beschloss einfach, nie wieder eine Zigarette anzurühren, und das ist jetzt über fünfzehn Jahre her. War meine wahre Motivation die Eitelkeit? Auf jeden Fall, aber das ist völlig gleichgültig, solange es mir half, die nötige Veränderung herbeizuführen.

Wenn Sie erst einmal herausgefunden haben, was Sie wirklich antreibt, brauchen Sie keine andere Form der Motivation. Statt darauf zu warten, dass es Ihnen leichtfällt, oder sich auf einen mühseligen Kampf einzulassen, nützen Sie die Kraft, die Ihnen Ihre Motivation verleiht, und stellen Sie sich der Herausforderung.

Herausforderungen waren James nur allzu vertraut: Er kämpfte schließlich schon seit zehn Jahren vergeblich gegen sein Übergewicht an. Früher war er sehr athletisch gewesen und hatte bis Mitte zwanzig verschiedene Sportarten auf Wettkampfniveau betrieben, bis ihn eine Knieverletzung zu einer Auszeit zwang. Aus irgendeinem Grund war er nie mehr auf den Sportplatz zurückgekehrt und hatte stattdessen mit jedem Jahr ein paar Kilo zugelegt. Und obwohl sich sein Knie in der Zwischenzeit längst von der ursprünglichen Verletzung erholt hatte, wurden nun sowohl dieses Gelenk als auch alle anderen durch die fünfzig Kilo Übergewicht stark belastet.

Da James selbst bei den kleinsten körperlichen Betätigungen keuchte und schwitzte, vermied er sie um jeden Preis. Außerdem steckte er in einem Teufelskreis: Seine Unzufriedenheit mit dem Übergewicht betäubte er mit immer mehr Essen. Sein Arzt hatte ihm geraten abzunehmen, seine Frau hatte ihn angefleht, an seine Gesundheit zu denken; doch erst die Frage seines Sohnes, warum er nicht wie andere Papas mit ihm Fußball spielen gehe, motivierte ihn letztendlich dazu, etwas zu unternehmen.

James schaute seinem Sohn beim Endspiel eines Fußballturniers zu, und hinterher stürmten alle Väter aufs Spielfeld, um mit ihren Söhnen zu kicken. Es war ihm sehr peinlich, als sein Sohn fragte, warum er nicht dazukäme, und er murmelte, dass sein Knie das nicht mitmache. An diesem Abend blickte James in den Spiegel und beschloss, dass sein Sohn stolz auf ihn sein sollte. Er schwor sich, so viel abzunehmen, dass er im nächsten Jahr mit seinem Sohn zum Kicken gehen könnte.

James war klar, dass fünfzig Kilo zu verlieren keine Kleinigkeit war, weswegen er seinen Hausarzt aufsuchte. Angesichts der Belastung, der sein Körper bereits ausgesetzt war, riet ihm der Arzt von einer Crashdiät ab und empfahl einen Ernährungs- und Bewegungsplan, den James sein Leben lang beibehalten konnte. Er bereitete James auch darauf vor, dass er vielleicht am Anfang schnell an Gewicht verlieren würde, der Weg zu seinem Zielgewicht aber lang sei und mehr als ein Jahr dauern könnte.

Ich lernte James bei einer Konferenz kennen, auf der ich sprach. Als es um das Setzen von Zielen ging, fragte ich meine Zuhörer nach einem aktuellen Erfolgserlebnis. Ein großer, fit wirkender Mann stand auf, und sein Anblick verriet nichts darüber, was er hinter sich gebracht hatte. James griff nach dem Mikrophon und erzählte der Gruppe von seinem Abnehmerfolg. Er erzählte, dass nichts ihn je zuvor so motiviert hatte wie der enttäuschte Blick seines Sohnes. Der Wunsch, ein Vater zu werden, auf den sein Sohn stolz sein konnte, hatte für Durchhaltevermögen selbst in den härtesten Phasen gesorgt. Als James zu Ende gesprochen hatte, hatten die meisten Tränen in den Augen. Auf so viel Beharrlichkeit und Entschlossenheit seines Vaters konnte der Sohn wahrlich stolz sein, und die gesamte Zuhörerschaft im Raum war voller Respekt für James.

Wenn Sie das Beste aus sich machen wollen, ist der

wichtigste Schritt, sich darauf wirklich festzulegen. Es wird auf Ihrem Weg einfache und schwierige Veränderungen geben, aber wenn Sie fest entschlossen sind, alles dafür zu tun, um ein glückliches und erfülltes Leben zu führen, wird es Ihnen leichtfallen.

Das Beste aus sich zu machen
ist der wichtigste Entschluss,
den Sie je fassen können.

Der **Neunte Schlüssel zum Glück** besteht in Ihrer Bereitschaft, für Ihr langfristiges Glück Anstrengungen auf sich zu nehmen. Wenn Ihr Entschluss ins Wanken gerät, denken Sie daran, dass es Mühe kostet, das Beste aus sich zu machen. Wenden Sie das *Prinzip Beharrlichkeit* an: Indem Sie *sich festlegen*, werden Ihre Anstrengungen tausendfach belohnt durch das Ausmaß Ihres Glücks und Ihrer Zufriedenheit.

Stark sein

Das Prinzip Mut

Das Glück beginnt mit einer Entscheidung, aber von Ihrem Mut, diese Entscheidung umzusetzen, hängt es ab, ob Sie lebenslang glücklich und zufrieden sein werden.

Und es erfordert Mut, das Beste aus sich zu machen. Wenn Sie sicher sein wollen, dass Sie immer Ihr Bestes geben und dass Ihr Bestes genug ist, müssen Sie sich darauf festlegen, das Richtige zu tun. Und das meine ich nicht nur in moralischer Hinsicht. Das Richtige für *Sie* ist Ihre Entscheidung für das, was Ihr Bedürfnis nach Integrität am besten widerspiegelt und zu Ihren Werten und Überzeugungen passt.

Sehr viele Menschen machen es sich im Leben ziemlich leicht – womit ich nicht sagen will, dass das Beste unbedingt immer das Schwerste sein muss. Es kann mal leicht und mal schwer sein, und meistens wird es irgendwo in der Mitte liegen. Das Entscheidende ist, dass Sie den Mut haben, zu den nötigen Entscheidungen zu stehen und sie, wenn sie einmal gefallen sind, auch umzusetzen.

ॐ

Es verlangt Mut,
das Beste aus sich zu machen.

Stehen Sie zu Ihren Entscheidungen,
und haben Sie die Courage,
sie umzusetzen.

Ihr Leben lang werden Sie immer wieder vor einer Wahl stehen und Entscheidungen treffen müssen. Manchmal geht es dabei nur um einfache Alltagsfragen, manchmal aber werden sie ernsthafte Auswirkungen auf Ihr Leben haben. Ab und an werden sich Situationen ergeben, in denen Sie gefordert sind, etwas zu tun, was für Sie, einen geliebten Menschen oder die Gemeinschaft von großer Bedeutung ist.

In solchen Momenten könnten Sie versucht sein, »das Beste zu hoffen«, »fünfe gerade sein zu lassen« oder »sich nicht engagieren zu wollen« – doch das Beste aus sich zu machen heißt auch, das zu tun, von dem man weiß, dass es richtig ist, und sich nicht des Schweigens oder der Unterlassung schuldig zu machen. Es heißt, im Leben den Mut zur Integrität aufzubringen. Es heißt nicht, dass man losrennen und für eine gute Sache kämpfen oder einen Kreuzzug beginnen muss – aber Sie sollten sich mit dem guten Gefühl schlafen legen können, dass Sie das Richtige, nicht das Leichteste getan haben. Oprah Winfrey erklärt es so: »Wahre Integrität besteht darin, das Richtige zu tun, selbst wenn niemand merken wird, ob man es getan oder gelassen hat.«

Leben Sie mit dem Mut zur Integrität.
Tun Sie das Richtige, nicht das Leichteste.

Unsere heutige Gesellschaft sieht »richtig« und »falsch« nicht mehr so eng. Ein paar Generationen früher war ein uneheliches Kind für eine Frau eine Schande, heute zuckt dabei kaum einer mit der Wimper. Während Sex vor der Ehe früher für unmoralisch gehalten wurde, denken viele Leute heute, dass es sehr vernünftig ist, mit einem Partner zusammenzuleben, bevor man heiratet. Und während früher das Haus als der einzig angemessene Platz für eine Frau galt, ist es heute nur ein Ort von vielen, an denen sie ihre Exzellenz unter Beweis stellen kann.

In unserer modernen Welt können wir im Großen und Ganzen selbst über unseren Moralkodex entscheiden. Sie können es okay finden, raubkopierte DVDs anzusehen, solange Sie dafür bezahlt haben, oder es für eine neue Form von Diebstahl halten. Sie können sich für den Menschen, den Sie heiraten, »aufsparen« oder sich mit einer Reihe von Liebhabern vergnügen. Sie können finden, dass ein Kuss noch keine oder dass schon eine SMS eine Untreue darstellt. Welches auch immer Ihre Sichtweise ist, bedeutet ein integres Leben, dass Sie sich, wenn Ihre moralische Haltung feststeht, danach richten. Sie können jederzeit ganz bewusst Ihre Meinung oder Ihre Sichtweise wieder ändern, aber Sie sollten nie etwas tun, woran Sie nicht glauben, nur weil jemand anderes es Ihnen vorschreiben will.

Sich bei seinem Handeln nach der Meinung anderer Leute zu richten ist eine der Hauptursachen für Unzufriedenheit. Wenn man von moralischen Fragen einmal absieht, geht es in den meisten solchen Fällen weniger um mangelnde Integrität als schlicht um Energieverschwendung.

Viele Leute sind unglücklich, weil sie ihre ganze Zeit und Energie dafür verschwenden, alle anderen glücklich zu machen. Sie verwenden all ihre Anstrengungen darauf, dass es anderen gutgeht und sie selbst nicht kritisiert werden. Wer aber ständig die Bedürfnisse anderer über die eigenen stellt, kann nicht erwarten, glücklich zu sein. Wer eigene Bedürfnisse nicht achtet und eigene Werte nicht würdigt, steht am Ende beschädigt und verbittert da.

Wenn ich das Klienten gegenüber äußere, antworten sie oft mit »Ich will nicht egoistisch sein ...« Ein Egoist zeichnet sich jedoch dadurch aus, dass er sich über Egoismus erst gar keine Gedanken macht. Ich finde, dass Menschen in ihrem Bestreben, nicht selbstsüchtig zu sein, *selbstlos* werden. Das ist eine feine Sache, wenn Sie ins Kloster gehen und geloben wollen, fürderhin bedürfnislos und gehorsam zu sein und nur noch Gott zu dienen. Aber wenn Sie, wie die meisten Leute, die unterschiedlichsten Rollen unter einen Hut bringen müssen – Ehefrau, Mutter, Vorgesetzter, Angestellte, Arbeitgeberin, Freund, Verwandte, Mitglied der Gesellschaft – und Sie sämtliche Anforderungen all dieser Rollen wichtiger nehmen als sich selbst, wird für Sie rein gar nichts übrig bleiben. Und wenn man erst einmal völlig ausgebrannt ist, wird glücklich sein verdammt schwierig.

*Selbst an vorderster Stelle zu stehen
bedeutet nicht,
dass alle anderen
an hinterster Stelle kommen.*

Es besteht ein großer Unterschied zwischen Selbstsucht und Selbstachtung. Selbstsüchtige Menschen machen, was sie wollen, ohne zu berücksichtigen, welche Auswirkungen das auf andere hat. Menschen, die sich selbst achten, erfüllen die eigenen Bedürfnisse, würdigen die eigenen Wertvorstellungen und respektieren zugleich die der anderen. Sie tun das Richtige für sich, ohne anderen zu schaden.

Wenn ich dieses Gespräch mit Leuten führe, die Eltern sind, sagen die mir oft, dass die Bedürfnisse ihrer Kinder vorgehen, und bis zu einem gewissen Grad stimme ich dem zu. Als Eltern ist die Fürsorge für das Kind die wichtigste aller Aufgaben – aber selten die einzige. Ich schlage dann immer vor, dass die Bedürfnisse der Familie Priorität haben sollten, nicht die eines einzelnen Individuums, und selbst wenn man meint, dass die Kinder an erster Stelle kommen, muss man selbst noch lange nicht an letzter stehen.

Sie brauchen Mut, um die eigenen Bedürfnisse zu achten und gemäß den eigenen Werten zu leben. Es ist sogar leichter, alle anderen zufriedenzustellen, dann ist wenigstens niemand mit Ihnen unzufrieden. Wenn Sie anfangen, Ihren eigenen Wünschen Priorität einzuräumen, könnten Sie damit den einen oder anderen in Ihrem Umfeld verstimmen. Wie sollte es auch anders sein, wo derjenige doch gewohnt ist, in Ihrem Leben Vorrang zu haben. Es erfordert Mut, ihm zu erklären, dass er zwar immer noch wichtig für Sie ist, dass Sie aber finden, dass Sie selbst ebenso wichtig sind.

Richard war der Sohn eines höchst erfolgreichen Unternehmers, und es stand immer fest, dass er die Firma übernehmen würde, wenn der Vater sich einmal zur Ruhe setzte. Darauf war Richard von klein auf vorbereitet worden – gemeinsame Essen in der Familie kreisten ausschließlich ums Geschäft. Als Richard achtzehn wurde, war sein Leben bereits vorgezeichnet. Er würde erst eine renommierte australische Hochschule besuchen und dann an einer US-amerikanischen Eliteuniversität Wirtschaft studieren. Danach würde er nach Australien zurückkehren, ins Familienunternehmen einsteigen und dort schnell aufsteigen. Sobald der Vater ihm die Führung des Unternehmens zutraute, würde er, der Vater, sich zur Ruhe setzen.

Glück kann
ein paar schwierige Gespräche
nötig machen – manche davon werden Sie
mit sich selbst führen müssen.

Eine Zeitlang lief alles nach Plan – nämlich bis Richard eine leitende Position im Unternehmen einnahm und die väterlichen Methoden auf den Prüfstand stellte. Seit sein Vater die Firma gegründet hatte, hatte sich viel verändert, und Richard wollte die Vorteile der modernen Technologie nutzen. Während seines MBA-Studiums hatte er auch viel über Unternehmensführung gelernt und fand, das hierarchisch-patriarchalische System seines Vaters müsste in moderne Managementstrukturen mit selbstverantwortlichen Angestellten transformiert werden.

Damit war Richards Vater ganz und gar nicht glücklich. Er wollte, dass *sein* Sohn *seine* Firma übernahm und sie nach *seinen* Vorstellungen weiterführte. Richard war hin- und hergerissen. Als er zum ersten Mal zu mir kam, dachte er, es liege daran, wie er seine Ideen kommunizierte und dass er vielleicht seine Herangehensweise ändern musste. Doch bald stellte sich heraus, dass, egal, welche Herangehensweise er wählte, sein Vater nur seine eigene akzeptierte. Sowohl ihre Werte als auch ihre Vorstellungen unterschieden sich fundamental.

Richard wusste, dass er nur zwei Möglichkeiten hatte:

Seinem Vater zu folgen und den Mund zu halten oder zu gehen und auf eigenen Füßen zu stehen. Dass sein Vater ihm zu verstehen gegeben hatte, dass Richards Kündigung für ihn keine Option war und er ihm »den Geldhahn zudrehen« würde, wenn Richard »sich dünnmachen« sollte, machte die Sache nicht gerade einfacher.

Richard war in einem Gewissenskonflikt. In der Firma seines Vaters fühlte er sich immer schlechter, und die beiden gerieten ständig aneinander. Zugleich erschien ihm eine Zukunft ohne die finanzielle und vor allem ohne die emotionale Unterstützung seines Vaters nicht sonderlich erstrebenswert.

Zur Konkurrenz zu gehen wäre Richard illoyal erschienen, deshalb dachte er daran, sich selbständig zu machen, denn auch wenn er nicht gern in der väterlichen Firma arbeitete, schätzte er die Branche sehr und hätte zu gern einige seiner Ideen in die Tat umgesetzt.

Richard wusste, dass das Gespräch mit seinem Vater sehr schwer werden würde: Der Vater hatte von der Geburt seines Sohnes an damit gerechnet, dass dieser die Firma eines Tages übernehmen werde, und würde es als schlimmen Verrat empfinden, wenn der Sohn jetzt kurz vor seinem Ruhestand das Unternehmen verließe. Richard wusste aber auch, dass es für sein psychisches Wohlbefinden und die langfristige Beziehung zu seinem Vater unerlässlich war.

Um glücklich zu sein,
müssen Sie das Richtige für sich tun,
auch wenn es sich
wie die schwierigste Sache der Welt anfühlt.

Für seine Kündigung musste Richard eine Menge Mut aufbringen, denn sein Vater war ein Machtmensch, und Richard war dazu erzogen worden, diese Macht zu respektieren. Doch indem er seinen eigenen Bedürfnissen Priorität einräumte, hatte er sich für seine eigene Macht und eine Zukunft in Unabhängigkeit entschieden.

Etwas im Leben zu verändern kostet Mut, aber für die Freiheit, das Beste aus sich zu machen, muss man den richtigen Weg wählen, nicht den leichten – auch wenn es sich wie die schwierigste Sache der Welt anfühlt.

Richard hatte Glück: Eine Kombination aus Wissen, Erfahrung und gutem Timing sorgte dafür, dass sein Unternehmen von Beginn an florierte. Doch nicht jede Veränderung führt zu sofortigem Erfolg. Wenn alles gut läuft und alle Pläne aufgehen, fällt Mut leicht, in schwierigen Phasen hingegen muss man sehr stark sein, um den eigenen Überzeugungen treu zu bleiben.

Wenn Sie das Beste aus sich machen wollen, brauchen Sie auch den Mut, ehrlich zu sich selbst zu sein. Das soll jetzt keine Lizenz zur Selbstverurteilung oder Selbstzerfleischung sein. Ehrlichkeit Ihnen selbst gegenüber bedeutet, dass Sie all Ihre Stärken ebenso anerkennen wie Ihre Schwächen. Wenn Sie wissen, worin Sie richtig gut sind, fällt es Ihnen leichter, eine Vorgehensweise zu wählen, bei der Sie Ihre Stärken ausspielen können. Und wenn Sie wissen, wo es noch Verbesserungspotential gibt, können Sie geeignete Maßnahmen ergreifen, die sich auszahlen werden.

Wenn alles nach Ihren Vorstellungen läuft,
ist es keine Kunst, stark zu sein.
In schwierigen Phasen jedoch
brauchen Sie viel Mut,
um Ihren Überzeugungen treu zu bleiben.

Manche Leute fürchten, Aufrichtigkeit sich selbst gegenüber würde sie unglücklich machen. Das trifft nur zu, wenn Sie in einem permanenten Zustand der Verleugnung leben. Wenn Sie sich hinsichtlich Ihres Körpers, Ihrer Ehe, Ihrer Karriere oder eines anderen Aspekts Ihres Lebens immer belogen haben, kann es zuerst höchst belastend sein, sich die Wahrheit einzugestehen. Aber Wissen ist Macht, und die Entscheidung, das Beste aus sich zu machen, wird so oder so nach bestimmten Veränderungen verlangen. Wenn Sie sich diese Notwendigkeit nicht eingestehen, wissen Sie nicht, worauf Sie Ihre Bemühungen richten sollen.

Viele Menschen reden sich ein, sie seien glücklich, ohne je zu hinterfragen, was sie damit meinen. Statt alles zu tun, was ihr Leben in Übereinstimmung mit ihren Werten bringen könnte, kehren sie negative Empfindungen oder unangenehme Fakten unter den Teppich. Statt sich klarzumachen, was *wahrer* Erfolg bedeutet, stopfen sie ihr Leben mit den Attributen des Erfolgs voll und wundern sich, warum das Auto, das Haus, das Boot sie nicht glücklich macht.

Das Beste aus sich zu machen erfordert Mut. Leichter ist es, Durchschnitt zu bleiben oder nur ein Schatten seiner eigentlichen Möglichkeiten. Gandhi sagte: »Der Unterschied zwischen dem, was wir tun, und dem, wozu wir fähig wären, würde ausreichen, um die meisten Probleme dieser Welt zu lösen.« Doch solange Sie nicht aufrichtig zu sich selbst sind, sind Sie nicht einmal in der Lage, Ihre eigenen Probleme zu lösen.

Am schwersten fällt es vielen Menschen, einfach nein zu sagen. Wozu Sie nein sagen, kann jedoch ebenso bedeutsame Auswirkungen auf Ihr Glück haben wie das, zu dem Sie ja sagen. Manche Leute sagen ja zu einer Abendesseneinladung, obwohl sie hundemüde sind, sie sagen ja zu noch mehr Arbeit, obwohl ihr Tag bereits mehr als ausgefüllt ist, und sie sagen ja zu ihren Kindern, weil ihnen die Kraft fehlt, mit dem Aufstand fertigzuwerden, der aus einem Nein entstünde.

Seien Sie aufrichtig zu sich.
Sie können nicht das Beste aus sich machen,
solange Sie nicht wissen, wer Sie wirklich sind.

☙

Diesen Leuten fehlt genauso der Mut, zu einigen wichtigen Dingen im Leben nein zu sagen: zum Beispiel eine Beförderung abzulehnen, weil man sicher ist, dass man den Job nicht will; einer Versuchung zu widerstehen, obwohl man bereits ein paar Gläser zu viel hatte; oder eine Beziehung zu beenden, weil sie nicht erfüllend ist.

Als ich entschied, dass es an der Zeit war, mein Leben zu ändern, musste ich nein zu meinem Chef sagen, der mich mobbte, und nein zu der Organisation, die ihm das ermöglichte. Ich musste nein zu einem Heiratsantrag sagen und nein, als die Schwester des Mannes mir erklärte, dass ich damit den Fehler meines Lebens beging. Und Jahre später musste ich nein zum großen Geld sagen, weil ich wusste, dass ich ein anderes Leben führen wollte.

❧

Solange Sie nicht den Mut haben,
nein zu Dingen zu sagen, die Sie nicht wollen,
wird es Ihnen schwerfallen,
ja zu dem zu sagen, was Sie wollen.

☙

Tara hatte als Model angefangen. Sie hatte ein wunderschönes Gesicht, immer ein Lächeln auf den Lippen und war ein Naturtalent vor der Kamera. Von Fernsehwerbespots avancierte sie schnell zum Sidekick einer beliebten Fernsehshow. Als Tara zu mir kam, stand sie an einem Scheideweg. Im Jahr zuvor hatte sie in einem Kurzfilm mitgespielt und zu ihrer großen Überraschung dafür sehr positive Kritiken bekommen. Da sie im Fernsehen arbeitete, hatte sie bereits mit der Schauspielerei geliebäugelt, aber sie wollte auf keinen Fall das »Model versucht sich als Schauspielerin«-Etikett angeheftet bekommen. Sie moderierte gern, doch die Vorstellung, jemand anderen darzustellen, hatte sie nie sonderlich angezogen. In dem Film hatte sie einzig aus dem Grund eine Rolle übernommen, weil sie mit dem Regisseur befreundet war und ihm einen Gefallen tun wollte.

Und jetzt sagten alle, sie hätte Potential. Ihr Agent wollte, dass sie mit einem Schauspielcoach trainierte, und drängte sie, es versuchshalber mal eine Saison in L. A. zu probieren. Gleichzeitig sorgte die plötzliche mediale Aufmerksamkeit dafür, dass sie jede Menge Angebote für Moderationen bekam. Am meisten reizte sie eine neue Promi-Unterhaltungsshow. Es war zwar nicht gerade »Let's Dance«, aber es ging ums Tanzen, und Tara fand, dass es phantastisch klang.

Unglücklicherweise war es genau dieses Angebot, von dem ihr Agent ihr am eindringlichsten abriet. Er war der Ansicht, dass sie nach der Anerkennung für ihre schauspielerische Leistung und mit ihrem hübschen und sympathischen Gesicht bereit für den nächsten Karriereschritt war: eine Karriere als Schauspielerin. Und er war überzeugt, dass Tara durch die Beteiligung an der Promi-Tanzshow ihre gerade erst erworbene Glaubwürdigkeit als Schauspielerin wieder verlieren würde und damit ihre Karriere vorbei war, noch bevor sie begonnen hatte.

Tara war ratlos. Ich riet ihr, den aktuellen Hype einmal auszublenden und sich auf die fundamentalen Fragen zu konzentrieren: Was hatte sie für Werte, was motivierte sie bei der Arbeit, wie sollte ihre Zukunft aussehen? Tara hatte sich so intensiv mit den Ratschlägen anderer Leute beschäftigt, dass sie gar nicht darüber nachgedacht hatte, was sie selbst eigentlich wollte.

Sobald Tara aufrichtig zu sich war, lag die Antwort auf der Hand: Die vielen guten Möglichkeiten, die sich ihr jetzt boten, mussten nicht unbedingt *gut für sie* sein, und während viele ihrer Kollegen für derartige Angebote über Leichen gehen würden, war sie selbst einfach nicht so scharf darauf.

Zu wissen, was man nicht will, ist genauso wichtig wie zu wissen, was man will, und nur wenn man absolut ehrlich zu sich ist, wird einem das klar. Dann muss man stark sein, das ablehnen, was andere einem raten, und das tun, was für einen selbst richtig ist.

Tara wollte nicht Schauspielerin werden. Liebend gern stand sie vor der Kamera, aber sie hatte nicht die geringste Lust, den gleichen Text wieder und wieder aufzusagen und schon gar nicht zu lernen, wie man sich in jemand anderen verwandelte. Sie wusste nun, dass sie es liebte, live zu arbeiten, weil ihr dabei das Adrenalin durch den Körper schoss und ihre eigene Persönlichkeit zum Vorschein kam. Sie fürchtete die Herausforderung der Schauspielerei, aber sie wollte eine Arbeit, bei der sie lachen und Spaß haben konnte, nicht eine, bei der sie auf ein Stichwort heulen musste. Ihr Agent wertete es als riskante Entscheidung, doch Tara war überzeugt, dass die Tanzshow das Richtige für sie war.

Da Tara sich nun einmal für die Dienste eines Agenten entschieden hatte, war es nur verständlich, dass sie sich seine Meinung zu dem Ganzen anhörte. Wenn Leute einen Rat geben, empfehlen sie meistens, was für sie selbst richtig wäre, aber solange man nicht explizit um einen Ratschlag gebeten hat, ist man nicht verpflichtet, einen Rat zu erwägen, und schon gar nicht, ihn zu befolgen.

Wenn Sie das Beste aus sich machen wollen, brauchen Sie den Mut, Ihr eigener Ratgeber zu sein. Und wenn Sie dann gelegentlich die Meinung anderer einholen, wissen

Sie dabei doch immer, dass *nur Sie* wissen, was *für Sie* richtig ist.

Das Beste aus sich zu machen heißt auch, ohne Furcht zu leben. Das ist nicht mit Dummheit und Leichtsinn gleichzusetzen. Wer mutige Entscheidungen trifft, gesteht sich ehrlich alle Risiken und potentiellen Konsequenzen ein. Er berücksichtigt seine Werte und Prioritäten und blickt, egal, was die Zukunft bringt, nicht zurück.

$\approx$

Treffen Sie mutige Entscheidungen,
stehen Sie dazu
und blicken Sie nicht zurück.

$\approx$

Beim **Zehnten Schlüssel zum Glück** geht es um den Mut, das Beste aus sich zu machen. Wenn Sie sich wieder einmal sorgen, was andere Leute über Sie denken oder sagen könnten, machen Sie sich klar: Den Mutigen hilft das Glück! Wenden Sie das *Prinzip Mut* an: **Seien Sie stark**, dann macht das Leben Sie in jeder Hinsicht reich.

Den Code knacken:

Wie Sie die Zehn Schlüssel auf Ihr Leben anwenden

Ich hoffe sehr, dass Sie den *Happiness-Code* fesselnd und inspirierend fanden. Vielleicht ist die Einsicht, dass dauerhaftes Glück nicht davon abhängt, was Sie getan haben, sondern davon, wer Sie sein wollen, eine Befreiung für Sie. Für mich war sie das. Lassen Sie dieses Buch nicht verstauben. Behalten Sie es in Ihrer Nähe, und wann immer Sie nicht ganz so glücklich sind, wie Sie sein könnten, ist einer der **Zehn Schlüssel** die Lösung Ihrer Probleme.

Wenn Sie noch mehr über den *Happiness-Code* und darüber erfahren möchten, wie Sie die **Zehn Schlüssel** auf Ihr Leben anwenden können, besuchen Sie meine Website **domoniquebertolucci.com**. Und wenn Sie es nicht bereits getan haben, dann laden Sie sich das *Happiness-Code-Arbeitsbuch* herunter und arbeiten Sie es durch. Lassen Sie mich bitte auch wissen, wie sich die **Zehn Schlüssel** auf Ihr Leben ausgewirkt haben: auf **facebook.com/domoniquebertolucci**.

Das Buch bis zum Ende zu lesen ist nämlich erst der Anfang. Sie halten nun die Schlüssel für lebenslanges Glück und dauerhafte Zufriedenheit in der Hand – am besten, Sie betrachten sie als Leitlinien für ein Leben, in dem Sie

- mutige und bewusste Entscheidungen treffen;
- sich klarmachen, was Sie kontrollieren können, und alles andere akzeptieren, wie es ist;
- im Augenblick leben und jeden Tag so genießen, wie er ist;
- das Beste vom Leben erwarten;
- an sich und Ihre Träume glauben sowie an Ihr Recht, diese Träume zu verwirklichen;
- sich erlauben, alles zu tun, zu sein und zu haben, was möglich ist;
- neben dem, was Sie noch erreichen wollen, dankbar sind dafür, wie reich Ihr Leben jetzt schon ist;
- großzügig sind – nicht nur mit Ihrem Geld, sondern auch mit Ihrem Herzen, Ihrer Zeit, Ihrer Energie – und niemanden verurteilen;
- sich darauf festlegen, das Beste aus sich zu machen, und
- den Mut finden, dieser Mensch zu werden.

Wenn Sie nach diesen Prinzipien leben, können Sie sich von der Bürde des Perfektionismus befreien, sich von Ihren Ängsten und Frustrationen verabschieden und sich entspannen in dem Wissen und der Zuversicht, dass Sie *das Beste aus sich gemacht haben*.

Danksagung

Mein erster Dank geht an meine Agentin Tara Wynne von Curtis Brown für ihren unerschütterlichen Glauben an meine Arbeit und an Sharon Mullins, meine Lektorin bei Hardie Grant, dafür, dass der *Happiness-Code* Wirklichkeit geworden ist.

Dank auch an Fiona Hardie, Sandy Grant, Allison Hiew, Brooke Clark, Raylee Sloane, Rosalind McClintock und das restliche Team von Hardie Grant, mit dem zu arbeiten eine reine Freude ist.

Meiner lieben Freundin Brooke Alexander danke ich dafür, dass ich mit ihr als Erster über jede meiner beruflichen Ideen sprechen kann – nach unseren Gesprächen bin ich immer begeistert und voller Anregungen für das, was ich zu vollbringen versuche.

Obwohl ich einige Details zum Schutz der Privatsphäre geändert habe, resultieren alle Geschichten in meinem Buch aus meiner Arbeit – dafür danke ich meinen früheren und aktuellen Klienten und all den inspirierenden Menschen, die meine Workshops besucht und mich eingeladen haben, sie auf ihrem Weg zu begleiten. Mit ihnen zu arbeiten ist Ehre und Privileg zugleich, und ich bin dankbar für das, was ich dabei gelernt habe.

Ich danke Mum und Dad, meinem Bruder Jeff, meiner Oma und Tante Laurel dafür, dass sie meine ersten

Fans waren. Eure bedingungslose Liebe und Unterstützung bedeuten mir so viel. Ein Dankeschön geht auch an meine erweiterte Familie, die Willises und Peterkins eingeschlossen, weil sie alle meine Vorhaben so begeistert unterstützen.

Danke, Sophia, mein Liebling, dass du ein nie versiegender Quell der Freude in meinem Leben bist, und danke, Paul, für alles, für immer.

Die Autorin

Domonique Bertolucci ist das wohlgehütete Geheimnis hinter den erfolgreichsten Menschen Australiens.

Ihre Leidenschaft gilt dem *wahren Erfolg*, und die Liste ihrer Klienten ist ein Who's Who der Vorstandsvorsitzenden, Führungspersönlichkeiten, preisgekrönten Unternehmer und Berühmtheiten. Ihre Workshops besuchen Menschen aus allen Schichten und aus aller Welt. In ihren regelmäßigen Vorträgen in Unternehmen fordert sie ihre Zuhörer mit der Frage heraus, was sie vom Leben wirklich erwarten und warum sie bis jetzt noch nicht danach leben.

Geboren in Australien, ging Domonique Bertolucci mit zweiundzwanzig als Fotomodell nach London. Als ihr klarwurde, dass sie nie dünn wie ein Fädchen sein würde, machte sie eine andere extreme Form der Typveränderung durch: vom Model zur Senkrechtstarterin in der Wirtschaft. Nach zehn Jahren in der mörderischen Welt des Investmentbankings ging sie zurück nach Australien und gründete ihre Coachingpraxis.

Seit ihrem ersten Buch, »Your Best Life« (2006), ist Domonique Bertolucci Australiens beliebtester Life-Coach. Mehr als zehn Millionen Menschen haben ihre Ratschläge gesehen, gelesen oder gehört.

Domonique Bertolucci pendelt zwischen Sydney und

London. Sie ist verheiratet und hat eine kleine Tochter. In ihrer freien Zeit steckt sie die Nase in Bücher, schaut sich Filme an, macht Yoga und bekocht ihre Lieben, wie es der großartigen italienischen Tradition entspricht.

domoniquebertolucci.com
facebook.com/domoniquebertolucci
twitter.com/fromDomonique